AphorismA

Für Marwan

Mit ihm wird
die Diaspora ein Zuhause

Viola Raheb

Nächstes Jahr in Bethlehem
Notizen aus der Diaspora

Vorwort von
Rafiq Khoury - Jerusalem

2008

Editorische Notiz

Zur Person
Viola Raheb wuchs in Betlehem als Tochter einer alteingesessenen palästinensischen christlichen Familie auf. An der Ruprecht-Karls-Universität zu Heidelberg studierte sie Pädagogik und Theologie. Im deutschsprachigen Raum ist Viola Raheb seit Ende der achtziger Jahre durch zahlreiche Workshops und Vorträge über die Situation der Palästinenser(innen) sowie durch Medienauftritte und Publikationen bekannt. Bis September 2002 war sie die Schulrätin der Evangelisch-Lutherischen Kirche in Jordanien und Palästina (ELCJ). Sie arbeitet heute freiberuflich als Konsulentin im Bereich der Entwicklungszusammenarbeit und Erwachsenenbildung und lebt mit ihrem Mann, dem Musiker Marwan Abado und ihrem vierjährigen Sohn Ranad, in Wien.

Weitere Hinweise unter: www.violaraheb.net.

Dr. Rafiq Khoury ist ein palästinensischer röm.-katholischer Priester in Jerusalem. Von ihm erscheint in der Reihe *Kleine Texte* demnächst eine Meditation zum Geheimnis der Dreifaltigkeit im Kontext der Arabischen Welt und ihrer Kirchen. Das Vorwort wurde von Rainer Zimmer-Winkel übersetzt.

Titelillustration
Kalligraphie (2007) des syrischen Künstlers Imad Sabri nach einer Gedichtzeile von Mahmoud Darwish:
„*Ich habe hinter dem Himmel einen Himmel, um zurück zu kehren*"

Kontakt:
info@aphorisma-verlag.de

Raheb, Viola:
Nächstes Jahr in Bethlehem. Notizen aus der Diaspora
Mit einem Vorwort von Rafiq Khoury
AphorismA Verlagsbuchhandlung
1. Auflage - Berlin 2008
ISBN 978-3-86575-007-5

Vorwort

Geschichte wird in der Regel von den Siegern geschrieben. Würde dieser Satz noch eines Beweises bedürfen, dann müßte nur gelesen werden, was zur Zeit aus Anlaß des 60. Gründungstages des Staates Israel gesagt wird. Es ist die Geschichte des Siegers, die erinnert, gefeiert und triumphal erzählt wird. Das andere Narrativ, die Geschichte der Besiegten, ist gemeinhin unbekannt. Und wenn es doch einmal geschieht, daß sie erzählt wird, dann verstört und beunruhigt es uns.

Seit einigen Jahrzehnten haben die Besiegten, in unserem Fall die Palästinenser, damit begonnen, ihre Geschichte, ihre Geschichten zu erzählen; viele tun dies nicht in ideologischer oder propagandistischer Weise, sondern um über die Dinge zu berichten, die ihnen in ihrem alltäglichen Leben widerfahren sind. Genau hier beginnt Violas Buch.

Exil ist sicher eine der schmerzlichsten Seiten palästinensischer Identität. Die Verarbeitung der unterschiedlichen Erfahrungen dieses Exils hat eine besondere, eigene Literatur hervorgebracht, die als Exilliteratur bezeichnet werden kann. Edward Said oder Mahmoud Darwish seien stellvertretend für viele andere hier genannt. An diese Erfahrung knüpft Violas Buch an: Nächstes Jahr in Bethlehem.

Dieses Buch muß im Kontext der Diaspora und des Exils gelesen werden. Aber Viola wiederholt nicht, was schon andere vor ihr gesagt haben, ihre Stimme besitzt Originalität und Besonderheit. Es ist eine ganz eigene Stimme.

Schon zu Beginn des Buches begegnen wir dem Selbstverständnis der Autorin als Araberin, Palästinenserin, Christin und Frau! – Nur eine Frau kann ein solches Buch schreiben. Und wir sollten eine weitere Komponente ihrer Identität benennen, um die es in diesem Buch geht: Ihre österreichische Staatsbürgerschaft.

Was geschieht, wenn alle diese Elemente jeweils ernsthaft erwogen werden? Dann mag es geschehen, sich selbst vor einem Puzzle wieder zu finden. Die große Herausforderung besteht darin, die einzelnen Teile in einer harmonischen Weise zusammen zu fügen. Wie kann es immer wieder neu gelingen, die widersprüchlichen, eigentlich unvereinbaren Elemente der Identität miteinander in Einklang zu bringen und auszusöhnen? Das ist oft ermüdend, erschöpfend, aber Viola Raheb gibt nicht auf. Sie stellt sich der Herausforderung, ernsthaft und glaubwürdig, mit Geduld, mit Hartnäckigkeit, auch mit einem Sinn für Humor, der solch schmerzliche Situationen menschlich werden läßt.

Zugleich geschieht es aber auch oft, sich selbst inmitten zahlreicher angespannter Situationen wieder zu finden. Mit Mut und Klarheit stellt sich Viola Raheb diesen Situationen, packt den Stier sozusagen bei den Hörnern. Dabei bleibt sie aufmerksam und sensibel dafür, was die Ereignisse um sie herum mit ihr selbst machen.

Manches mal ist ein Mensch den verschiedensten Wahrnehmungen ausgesetzt, dem eigenen Blick, dem Blick der Umgebung, der Wahrnehmung durch die verschiedenen Milieus, in denen man / frau sich ständig oder gelegentlich – Viola Raheb ist viel gereist! – aufhält. Das Puzzle wird immer komplizierter. Die Außenwahrnehmungen um einen herum versuchen einen zu bestimmen, ein quälende, demütigende Erfahrung. Auch hier zögert Viola Raheb nicht: Sie erkennt sich selbst inmitten all der Herausforderungen und versucht ihre Identität zu bewahren, ihre persönliche und ihre kollektive. Sie kämpft um ihre eigene Identität.

Aber der Kampf um Identität ist nicht statisch und Viola Raheb weiß dies sehr genau, in ihrem Buch spricht sie von dynamischer Identität. Die Erfahrung der Diaspora zwingt ihr diese Entdeckung geradezu auf. Aber wie geht Viola Raheb mit der Vielzahl der Herausforderungen um? Nun, zur Beantwortung diese Frage lohnt die Lektüre dieses Buches.

Lesen sie dieses Buch, ja! Lassen sie mich aber doch noch eine Bemerkung voranschicken: Eine Geschichte zu erzählen führt unweigerlich zur Beschäftigung mit Vergangenheit und Gegenwart. Die Gefahr dabei aber ist, zur Gefangenen zu werden von Vergangenheit und Gegenwart. Viola Raheb entgeht dieser Gefahr; sie ist ein freier Geist, eine palästinensische Stimme, die ihre eigene Geschichte erzählt. Und ihre Erinnerung ist gleichzeitig eine Prophezeiung. Ja, sie erzählt von Vergangenheit und Gegenwart und erinnert damit an die Zukunft.

Eine andere Gefahr solchen Erzählens besteht in der Opfermentalität. Viola Raheb überwindet diese Mentalität und legt ein sehr menschliches Buch vor – und noch einmal: Nur eine Frau, sehr sensibel, menschlich und intelligent vermag dies so zu tun! Wir merken, wie erfrischend dieses Buches ist, wie lebendig, und während der Lektüre stellt sich eine Art innerer Freiheit ein.

Ja, lesen sie dieses Buch. Es ist aufbauend und auch ein Ruf zu größerer innerer Freiheit. Zwischen diesem Vorwort und dem Lesenden, der Lesenden, liegt nun dieses Buch selbst. Ich bin sicher, der unbekannter Leser, die unbekannte Leserin, wird es schätzen, ja lieben und wird durch die Lektüre viel von Viola Raheb kennen lernen, mehr über ihr Erfahrungen wissen, ihr Volk besser verstehen… und zugleich auch sich selbst. – Danke Viola!

Rafiq Khoury
Altstadt von Jerusalem, Mai 2008

Zur Einführung

Nach knapp fünf Jahren erscheint nun mein zweites Buch. Eine schwere Geburt!

Inzwischen lebe ich seit über fünf Jahren in Österreich. Mein erstes Buch „Geboren zu Bethlehem - Notizen aus einer belagerten Stadt" wurde noch hauptsächlich in Palästina geschrieben. Die Veröffentlichung erfolgte, als ich mich gerade in Wien niedergelassen hatte. Der Schwerpunkt dabei lag auf meinem Leben in Palästina, insbesondere auf der Zeit der Belagerung Bethlehems im Jahre 2002.

Jetzt erscheint mein zweites Buch aus der Diaspora, in der ich nun zu Hause bin. Wie bei meinem ersten Buch, entstand die Mehrheit der Texte als persönliche Reflexionen auf Erlebtes; manchmal auch, um die Erinnerung zu bewahren, manchmal, um mit dem Geschehenen zu Recht zu kommen, Gefühle zu verarbeiten oder einfach nur, um mit mir selbst wieder ins Reine zu kommen.

Die Stationen dieses Buches spiegeln die verschiedenen Facetten meines neuen Lebens in der Diaspora wider: Dazu gehört zum einen das Reisen zwischen den Welten: Unterwegs sein war schon sehr früh ein Teil meines Lebens, doch durch die Diaspora ist dies noch stärker zu einem integralen Teil meiner Existenz geworden.

Eine andere Facette liegt in meinem neuen Blick auf die Heimat, durch die Erfahrungen der Diaspora und durch den Abstand. Einige mögen meine Reflexionen in diesem Teil als sehr hart empfinden, Kritik aus der Distanz sei eine einfache Übung, höre ich sagen... Nicht ganz! Ich denke, es ist ein Irrtum zu glauben, daß nur diejenigen Kritik üben, die ‚draußen' leben, die Abstand haben. Viele Menschen innerhalb Palästinas üben eine noch schärfere Kritik als ich, doch ihre Stimme wird nur selten gehört.

Gleichzeitig ist es mir ein Anliegen gegen die herrschende Idealisierung des Leidens meines Volkes aufzutreten, auch und gerade seitens der in der Diaspora lebenden Palästinenserinnen und Palästinenser.

Die Geschichten aus Österreich geben einen kleinen Einblick in das Leben einer neuen „Mitbürgerin" dieses

Landes wieder, einer „Migrantin". In diesem Zusammenhang bin ich mir meiner privilegierten Stellung sehr bewußt, als einer Frau, die einen universitären Abschluß einer deutschen Universität hat, die die Sprache des Landes beherrscht, die die Staatsbürgerschaft des Landes besitzt und sich gleichzeitig beruflich etabliert hat. Dennoch ergeben sich in diesem neuen Kontext vielerlei „Anekdoten", die es Wert sind, festgehalten zu werden.

Die theologischen Reflexionen am Schluß des Bandes, sind Teil meiner Persönlichkeit, sie gehören zu mir, ebenso wie der Rest dieses Buches.

An manchen Stellen mag der Eindruck entstehen, daß die Texte dieses Buches sich widersprechen, ambivalent sind. Wahrlich so! Ich habe mich immer gegen Vereinfachungen gewehrt: Mit Komplexitäten und Ambivalenzen zu existieren ist ein Teil meines Lebens, ist ein Stück meines Weges. Nicht immer gelingt mir dies, weiter versuchen aber werde ich es dennoch.

„Nächstes Jahr in Bethlehem - Notizen aus der Diaspora" ist der Titel, den ich für dieses Buch ausgesucht habe. Ein hoffnungsvoller Titel - oder eine fatalistische Perspektive? Für mich ist die Hoffnung, eines Tages mit meiner Familie in meiner Heimatstadt Bethlehem sein zu dürfen, eine lebendige Hoffnung, die mich Tag für Tag begleitet und dazu ermutigt, mich weiterhin dafür zu engagieren, daß die Zukunft anders wird als die Gegenwart. Dabei liegt mir sehr am Herzen, daß wir uns von einer „Opfermentalität" befreien.

Ich danke meiner Familie, die es mit mir nicht immer einfach hat, die mir aber durch ihre Liebe hilft, mich in Zeiten der Not selbst zu ertragen. Ich danke vielen Freundinnen und Freunden, die mich immer wieder ermutigt haben, weiter zu schreiben. Ich danke Rainer Zimmer-Winkel stellvertretend für den Verlag, der mich ermutigte, dieses Buch zu veröffentlichen und es verlegt.

Ich danke Rafiq Khoury für sein Vorwort. Mit ihm habe ich oft diskutiert, zusammengearbeitet und mich ausgetauscht – ein Dialog, der mir in der Diaspora fehlt. Ich danke unseren Freunden Ulrike Bechmann, Manfred Chobot und Helmut Neudlinger für ihre Unterstützung Rat bei der Erstellung des Manuskriptes. Ich danke dem syrischen Künstler Imad Sabri, von dem die Umschlagillustration dieses Buches stammt.

Mit den Worten des großen palästinensischen Dichters Mahmoud Darwish – zu lesen in der arabischen Kalligraphie des Umschlages –

Ich habe
hinter dem Himmel
einen Himmel,
um zurückzukehren

vertraue ich ihnen, liebe Leserinnen und Leser, einen Teil meines Lebens und meiner Hoffnung an.

Viola Raheb
Wien, im April 2008

Reisen zwischen den Welten

Identität im Wandel

Schon früh wurden mir die Hauptmerkmale meiner Identität bewußt: Ich bin eine arabische, palästinensische, christliche Frau. Diese vier Merkmale prägen mein Selbstverständnis. Ich bin eine Araberin, was meine Kultur, Tradition und Sprache angeht; eine Palästinenserin, was meine Volkszugehörigkeit angeht, eine Christin nach Religionszugehörigkeit und Glauben, und eine Frau biologisch und mit Leib und Seele.

Die verschiedenen Merkmale dieser Identität standen nicht immer in Harmonie miteinander, sie erzeugten immer wieder Raum für Spannungen. Während meines Lebens in Palästina hatte ich wenig Probleme mit den ersten drei Elementen meiner Identität, der Konfliktherd lag in meinem Frausein in einer patriarchalisch geprägten Gesellschaft. An bestimmten Schnittstellen meines Lebens war mein Frausein entscheidend für mein Selbstverständnis und dem Verständnis, das meine Gesellschaft von mir hatte, etwa als ich mich für das Studium in Deutschland entschied oder als erste Frau die Position einer Schulrätin der Evangelisch-Lutherischen Schulen im Lande innehatte. Oder auch bei ganz persönlichen Entscheidungen wie z. B. bis zum 33. Lebensjahr als Single zu leben, dann aber doch zu heiraten und die Karriere erst einmal zurück zu stellen. Identität ist jedoch nichts Statisches, sondern vielmehr eine sich immer neu entwickelnde Größe, die sich durch die Begegnung und die Interaktion mit anderen, aber auch durch Selbstreflexion stets neu formiert.

Mein Studium habe ich in Deutschland absolviert und dort beinahe sechs Jahre verbracht, was mich und mein Selbstverständnis stark geprägt hat, denn ich ging als Jugendliche nach Deutschland und kam als erwachsene Frau zurück. Die entscheidenden Jahre meines Lebens zwischen 19 und 25 verbrachte ich im Ausland. In Deutschland ergab sich eine neue Verschiebung in den Merkmalen meiner Identität. Meine palästinensische Zugehörigkeit stand auf einmal im Zentrum sowohl der Selbstidentifikation als auch in der Identifikation von außen. Es ist kein Zufall, denn meine Jahre in Deutschland lagen in einer politisch brisanten Zeit; ich kam nach Deutschland als die Intifada I auf ihrem Höhepunkt war, was sich auch in den politischen Diskussionen widerspiegelte. Dann kamen der erste Golf Krieg und die Debatten um die Neue Ordnung für den Nahen Osten. Schließlich begannen die Oslo Friedensverhandlungen zwischen Israelis und Palästinensern, die in Deutschland mit großen Erwartungen und Sentimentalität begleitet wurden. In den fast sechs Jahren meines Aufenthaltes in Deutschland habe ich zahlreiche Vorträge gehalten und war an Diskussionen und Veranstaltungen zu Palästina beteiligt. Daher unterstreiche ich immer wieder, daß ich in und durch Deutschland „palästinensischer" geworden bin, als ich es vorher war.

Seit 2002 lebe ich nun in Österreich. Nach meiner Eheschließung und aufgrund der Tatsache, daß meinem Mann die Einreise nach Palästina seitens Israels verweigert wird, ist Wien jetzt mein Zuhause. Das Ausland ist jetzt kein vorübergehender Aufenthaltsort mehr, sondern ein Ort des Lebens in der Diaspora.

Wer bin ich nun hier? Und wie verändern sich die Merkmale und Grenzen meiner Identität in diesem neuen Kontext? Es ist eine prägende Erfahrung, von der Umwelt zunächst auf Grund von äußeren Merkmalen, wie etwa der Haut- oder Haarfarbe bzw. des Aussehens, eingeordnet zu werden. Diese Einordnung macht mich zu einem völlig passiven Wesen, das diesen automatischen Vorgang des Einsortiert-werdens gar nicht beeinflussen kann.

In der Begegnung mit anderen muß man sich damit auseinander setzen lernen, daß die eigene Identität bzw. die Merkmale der eigenen Identität anders gesehen und wahrgenommen werden, als dies durch einen selbst geschieht. So wird die arabische Sprache eher mit dem Islam gleichgesetzt und dieser wiederum - seit den Attentaten vom 11. September 2001 jedenfalls - mit Fundamentalismus und Terrorismus. Palästina als Begriff wird weiterhin meist negativ gesehen, auch wenn in den letzten Jahren erhebliche Veränderungen in der Wahrnehmung stattgefunden haben. Doch für viele verbindet sich Palästina eben auch mit Hamas und diese wiederum mit Islam und Fundamentalismus. Nach den Ereignissen vom Juni 2007 im Gazastreifen glauben viele, daß die Palästinenser keinen eigenen Staat verdienen, so zerstritten, wie sie untereinander erscheinen.

Eine christliche Araberin bzw. Palästinenserin ist den meisten in Europa noch nicht über den Weg gelaufen, eine außergewöhnliche Erscheinung also. Die Mehrheit glaubt, daß wir durch europäische Missionare bzw. durch unseren Aufenthalt in Europa zum Christentum bekehrt worden sind.

Hinzu kommen die Bilder, die mit arabischen Frauen verbunden sind, die entweder aus 'Tausend und einer Nacht' stammen oder dem Klischee von unterdrückten Wesen im Kontext einer patriarchalisch-arabisch-islamischen Gesellschaft entstammen. So viele Bilder, Vorurteile, Meinungen kommen auf einen zu in der Begegnung mit den anderen und erdrücken die eigene Identität. Sich nicht als Opfer zu begreifen, ist eine schwierige Herausforderung, die einem Tag für Tag auferlegt ist.

Doch was geschieht mit mir selbst: Wie verändert sich meine Selbstwahrnehmung im neuen Kontext der Diaspora? Welche Verschiebungen vollziehen sich? Welche Merkmale gewinnen die Oberhand und welche neuen Merkmale kommen dazu?

In den vergangenen fünf Jahren erlebe ich es immer wieder, daß das Leben in der Diaspora als neues Zuhause meine Selbstwahrnehmung verändert. Dabei hat Diaspora für mich keine negative Konnotation, auch wenn ich sie mir nicht freiwillig ausgesucht habe.

Eine Araberin zu sein, verliert immer mehr an Bedeutung für mich. Inzwischen sehe ich mich mehr als eine Weltbürgerin, die durch das Leben an verschiedenen Orten eine Vielfalt an Kulturen und Traditionen in sich trägt, die kaum in einem Begriff zu vereinen sind. Arabisch als Muttersprache bleibt dennoch zentral für die Identitätsbildung, vor allem seit der Geburt unseres Sohnes Ranad. Für mich ebenso wie für meinen Mann ist es sehr wichtig, daß unser Sohn zweisprachig heranwächst. Die gemeinsame Sprache zuhause ist daher Arabisch. Doch Sprache ist nicht nur ein Kommunikationsmittel, sondern ebenso das Medium, durch das die Kultur und die Tradition weitergegeben werden.

Die Wahrnehmung meines Palästinensisch-Seins hat sich sehr verändert: von einer Frau, die in den Besetzen Gebieten geboren ist und gelebt hat, hin zu einer Frau, die jetzt der palästinensischen Diaspora angehört.

Diese geographische Verschiebung wird von einer Verschiebung im politischen Denken begleitet. Früher habe ich auf eine Lösung des palästinensischen Problems gehofft, die auf der Errichtung eines eigenen, souveränen Staates in den Besetzten Gebieten basiert, heute hoffe ich auf eine politische Lösung, die das Recht auf Rückkehr nicht völlig aufgibt.

Aber als Realistin, die daran kaum glauben kann, hoffe ich wenigstens auf eine Lösung, die den Palästinensern die Kontrolle über die eigenen Grenzen gewährt und somit zumindest Menschen die Einreise ins Land ermöglicht.

Gleichzeitig erlebe ich eine Verschiebung meiner inneren Haltung. Auf Grund des Kontextes und der Herausforderungen des Alltags besaß ich einen „nie endenden Optimismus". In meinem Buch „Geboren zu Bethlehem" schrieb ich: „Wir können uns die Hoffnungslosigkeit nicht leisten." Heute und durch das Leben in der Diaspora habe ich eine neue innere Haltung entwickelt, die ich gerne mit „Skepsis der Distanz" beschreiben möchte. Der Luxus des Abstandes zu den täglichen Geschehnissen ermöglicht eine andere Wahrnehmung und eine andere Reflexion.

Auch die Wahrnehmung meines Christseins hat sich verändert. Sich einer Evangelischen Kirche in Österreich völlig zugehörig zu fühlen, die in ihrer Situation als Minderheit einen Schicksalsschlag sieht, fällt mir schwer. Denn ich wurde dazu erzogen, zu glauben und danach zu handeln, daß das Minderheitensein eine Chance und Herausforderung ist, sich produktiv für die Gesellschaft einzusetzen. Als ich das erste Mal von einem evangelischen Pfarrer in Vorarlberg mit dem Gruß „Willkommen in der Diaspora" begrüßt wurde, blieben mir die Worte im Hals stecken und ich wußte kaum eine Antwort darauf. Gleichzeitig erlebe ich den skeptischen Zugang meines Mannes zur Kirche, seit sein Flüchtlingslager im Libanon – ein christliches Flüchtlingslager – von libanesischen christlichen Falangisten zerstört wurde, weil angeblich der Jesus der Palästinenser ein anderer ist als derjenige der Libanesen – obgleich beide Seiten der maronitischen Kirche angehören.

Was konstant bleibt, ist mein Frausein. Manchmal denke ich, daß dies damit zu tun hat, daß ich schon sehr früh auf dieser Ebene kämpfen mußte, so daß mich heute nichts mehr erschüttert. Das einzige, was sich hier verändert hat, ist meine neue Rolle als Mutter.

Zu den neuen Merkmalen zählt die Tatsache, daß ich jetzt eine österreichische Staatsbürgerin geworden bin. An Grenzübergängen zeige ich heute meinen österreichischen Paß, der mir viele, bislang verschlossene Türen öffnet. Gleichzeitig nehme ich teil am politischen Leben in Österreich, ich besitze das Wahlrecht, von dem ich auch Gebrauch mache, und engagiere mich in der Gesellschaft. Sich nicht als Palästinenserin in Österreich zu verstehen, sondern als österreichische Staatsbürgerin palästinensischer Herkunft, ist die neue Herausforderung in meinem Leben.

Schwäche

Kürzlich fragte mich eine Bekannte, in welchen Situationen ich mich in meinem neuen Leben in der Diaspora schwach fühle. Die Frage machte mir zu schaffen. Ich hielt inne und überlegte. Es dauerte nicht lange, bis mir die Geburt meines Sohnes in den Sinn kam. Nicht seine Geburt machte mich schwach, ganz im Gegenteil, sondern vielmehr die Tatsache, daß mein Sohn in der Diaspora zur Welt gekommen ist. Eine Diaspora, die für ihn Heimat sein wird. Im Gegensatz zu mir hat mein Sohn Ranad seit seiner Geburt eine Staatsbürgerschaft, die dokumentiert, daß er Österreicher ist.

Als Frau, die sich ihr Leben lang für Palästina einsetzt, macht es mir zu schaffen, daß mein Sohn in Wien zu Hause sein wird und nicht in Bethlehem. Ich muß lernen, dies mit allen Konsequenzen zu akzeptieren. Meine Schwäche liegt darin, zu lernen, von meinem Sohn keine Fortsetzung meines Wesens, meines Einsatzes für Palästina zu erwarten. Daß Bethlehem zu seinen Wurzeln gehört, steht außer Frage, aber sicherlich ganz anders, als es bei mir der Fall ist. Auch Beirut, die Geburtsstadt seines Vaters und der Wohnort einiger Tanten und Onkel, wird für ihn etwas bedeuten, doch sicherlich nicht das, was sie für meinen Mann Marwan ist.

Doch je länger ich darüber nachdenke, desto klarer wird mir, daß ich meine palästinensische Identität zu sehr auf das Politische bzw. Geographische reduziere. Verständlich für jemand, der aus den Besetzten Gebieten kommt. Bei meinem Mann ist es ganz anders, da er in der Diaspora geboren wurde. Die sozialen und kulturellen Elemente verschwinden und ich versuche zu begreifen warum. Beim Nachdenken wird mir klar, daß diese empfundene Schwäche auch ein Ausdruck meiner Überforderung ist. Mir wird klar, welche Aufgabe mich erwartet: Meinen Sohn dabei zu unterstützen, eine bi-kulturelle Identität zu entwickeln oder gar ein Weltbürger zu werden.

Staatsbürgerschaft: „Unbekannt"

Im Juni 2002 wollten Marwan und ich am Standesamt in Wien unsere Dokumente für die standesamtliche Eheschließung einreichen. Ein ganz alltäglicher bürokratischer Akt. Nicht so, wie wir feststellen, wenn die „Bride to be" eine Palästinenserin ist. Der Beamte schaut sich die Unterlagen genau an. Ein paar Dokumente machen dem Beamten zu schaffen. Auf meiner Geburtsurkunde steht „Haschemitisches Königreich Jordanien", mein Reisedokument ist palästinensisch, meine Staatsbürgerschaft gebe ich als „palästinensisch" an: Ganz schön kompliziert. Der Beamte studiert die Unterlagen und sagt schließlich: „Eine palästinensische Staatsbürgerschaft gibt es nicht, wird auch von unserem Computer nicht angenommen, also entweder sind Sie Jordanierin oder Israelin." Ich versuche dem Beamten zu erklären, daß ich weder das eine noch das andere bin, vergeblich. „So kann ich den Antrag nicht annehmen" erklärt er. Marwan und ich sind geschockt. „Welche Alternativen gibt es?", frage ich den Beamten. „Nun, Sie müssen uns einen Nachweis entweder von der jordanischen oder von der israelischen Botschaft bringen, daß sie entweder die eine oder die andere Staatsbürgerschaft besitzen." Der Vorschlag verschlägt mir die Sprache. Marwan fragt den Beamten, ob die Republik Österreich einem Nicht-Österreicher einen Nachweis geben würde, daß er Österreicher sei. „Selbstverständlich nicht", erwidert der Beamte. „Wieso sollen die Jordanier oder die Israelis dies dann tun?", fragt Marwan den Beamten, worauf dieser keine Antwort weiß. Die Diskussion mündet in einer Sackgasse. Wir nehmen unsere Unterlagen mit und gehen nach Hause.

Gott sei Dank befinden wir uns in Österreich. Marwan ruft bei einem höheren Beamten der Stadt Wien an, der einen so langen Titel besitzt, daß man sich ihn kaum merken kann. Er erklärt ihm die Situation. Der Beamte scheint nicht erstaunt zu sein. Er sagt uns, daß er gleich den Beamten anrufen wird, um ihm die Sache zu erklären, und bittet uns, es am nächsten Tag erneut zu versuchen. Am nächsten Tag gehen Marwan und ich erneut zu dem Beamten. Er sieht uns, lächelt freundlich und bittet uns herein. Er wüßte Bescheid, wie die Sache sei, sagt er. Der Anruf scheint Wunder bewirkt zu haben. Bevor wir die Unterlagen einreichen können, müßte ich nur noch eine eidesstattliche Erklärung abgeben, sagt der Beamte. Nun, wenn das die Lösung ist, warum nicht. Bis dahin wußte ich überhaupt nicht, was eine eidesstattliche Erklärung bedeutet. Der Beamte reicht mir ein Blatt Papier zur Unterschrift. Die eidesstattliche Erklärung besagt, daß ich meiner Geburtsurkunde nach Jordanierin sei, dies aber nicht nachweisen kann, da ich für die Jordanier eine Palästinenserin bin und daher ein palästinensisches Reisedokument besitze, was wiederum von Österreich nicht anerkannt wird, da es keinen Staat Palästina gibt - einleuchtende Erkenntnis, oder? Die Sache ist endlich geklärt und wir können unsere Unterlagen einreichen. Nur der Computer scheint mit der Lösung unzufrieden zu sein. Denn was soll er unter Staatsbürgerschaft speichern? Das Wunderwort „unbekannt" scheint die Sache für den Computer zu lösen.

Mit einer eidesstattlichen Erklärung, aus der ich selbst nicht schlau wurde, und dem Eintrag „unbekannt", dürfen wir endlich unsere Unterlagen einreichen und einen Termin für unsere Trauung festsetzen.

Theater des Absurden II

Eine Fortsetzung meines Beitrages „Theater des Absurden" vom September 2001 war eigentlich nicht geplant, doch das Leben einer Palästinenserin scheint Stoff für weitere Episoden eines solchen Theaters in sich zu bergen.

Vor einiger Zeit bin ich mit meinem damals acht Monate alten Sohn Ranad in die Schweiz nach Genf geflogen. In einem Ort nahe der Stadt sollte ich an einer Tagung teilnehmen. Wir landeten um 16:15 Uhr. Am Schalter zeigte ich unsere Pässe. Der Beamte studierte meinen Paß auf das Genaueste. Das ist nicht außergewöhnlich, wenn man wie ich einen palästinensischen Paß hat, ein Dokument, das viele Grenzbeamte noch nie zu Gesicht bekommen haben, einmal ganz davon zu schweigen, daß es einen palästinensischen Paß gibt, aber wohl keinen Staat Palästina. Schließlich sagte er, daß mir die Einreise in die Schweiz verweigert werden muß, da ich kein Visum für die Schweiz hätte. Ich versuchte ihm zu erklären, daß ich in Österreich eine unbefristete Aufenthaltsgenehmigung habe und deshalb laut einem bilateralen Abkommen zwischen Österreich und der Schweiz ohne Visum einreisen kann, was ich in den vergangenen Monaten auch mehrmals ungehindert getan hätte. Er ließ sich von meinen Erklärungen nicht beeindrucken, vermutlich weil er kein Wort verstanden hatte, da er angeblich weder Deutsch noch Englisch sprach.

Der Beamte ließ mich einfach stehen und brachte unsere Papiere zur Emigrationsbehörde. Auch dort teilte man mir mit, daß ich nicht einreisen könne. Ich versuchte noch einmal meine Geschichte zu erzählen, aber auch hier schien sich niemand dafür zu interessieren. Erneut vor allem eine sprachliche Barriere! – Eine Beamtin gab mir ein Formular zum Ausfüllen. Neben den üblichen persönlichen Daten waren da auch Fragen bezüglich meines monatlichen Einkommens und des Bargeldbetrages, den ich bei mir habe. Mir wurde beschieden, draußen zu warten, bis die Sache geklärt sei. Während der Wartezeit versuchte ich die Veranstalter der Tagung zu erreichen, um sie über die Einreiseprobleme zu informieren. Die Verantwortliche wollte mit einem der Beamten sprechen, was jedoch verweigert wurde.

Nach einer Weile kam ein weiterer Beamter, der vorher am Grenzübergang gesessen hatte, und meinte mit Nachdruck: „Sie haben zwei Möglichkeiten, entweder Sie fliegen mit der nächsten Maschine nach Wien oder Sie werden nach Tel Aviv ‚ausgeschafft'!" Überrascht sowohl vom Ton als auch vom Inhalt der Aussage, fragte ich, ob er bereit wäre, mir zuzuhören, da er ja Deutsch verstehe „Ich brauche Ihnen nicht zuzuhören", erwiderte er scharf: „Ich sagte Ihnen, wie die Sache läuft, oder Sie werden ‚ausgeschafft'!"

Ranad fing an zu weinen, als ob er die Botschaft verstanden hätte. „Können Sie vielleicht auch menschlich mit mir reden?", fragte ich den Uniformierten, während ich mit den Nerven schon ziemlich am Ende war. Seine Reaktion erschütterte mich: „Ich habe es nicht nötig, mit Ihnen zu reden. Und damit Basta!"

Ich versuchte, ruhig zu bleiben, und ging zum Gepäckschalter nebenan. Dort wollte ich mein Gepäck anfordern, um nach Wien zurückzufliegen, was mir noch die sinnvollere Alternative zu sein schien. Meine an sich durch solche und ähnlich unangenehme Situationen antrainierte Ruhe ließ mich allerdings bald im Stich. Während ich mit einer Schalterbeamtin sprach, brach ich in Tränen aus. Meine Stimme versagte.

Meine wirkliche Sorge galt Ranad, dem ich nicht schon wieder die Fliegerei zumuten wollte. Eine Kollegin der Beamtin, eine Farbige, fragte mich, was denn eigentlich passiert sei. Zögernd erklärte ich ihr meine Not. „Hören Sie", sagte sie schließlich, „sagen Sie den Beamten, daß Sie mit der Rückreise nach Wien einverstanden seien und lassen Sie sich Ihre Papiere geben. Dann folgen Sie dieser gelben Markierung am Boden und Sie sind nach wenigen Schritten auf französischem Territorium. Dann sehen wir weiter." Ich bedankte mich herzlich für den Ratschlag. Wie hätte ich wissen können, daß der Genfer Flughafen zwei territoriale Gebiete umfaßt? Ich folgte dem Rat der Frau und begab mich auf die französische Seite.

Die Veranstalter der Tagung hatten sich offensichtlich in der Zwischenzeit um eine Klärung der Lage bemüht. Es war halb neun Uhr geworden, als mich einer der Verantwortlichen anrief und mir mitteilte, daß die Sache geklärt wäre und wir einreisen dürften. Ich nahm all meine Kraft zusammen und ging wieder in die Richtung, aus der ich ein paar Stunden vorher gekommen war.

Es hatte inzwischen einen Schichtwechsel gegeben. Ich übergab dem neuen Beamten unsere Papiere. Er schaute mich an und winkte mich durch. Mit meinen Papieren schien also plötzlich alles in Ordnung zu sein.

Erschöpft setzte ich mich in eine Kaffeebar am Flughafen und wartete auf die Person, die mich abholen sollte. Tatsächlich kam nach einer Weile eine Frau auf uns zu, um mich und Ranad zu begrüßen. „Es ist alles in Ordnung, nur müssen wir zuerst noch einmal zurück", sagte sie. „Wohin?", fragte ich verunsichert. „Na, zur Emigrationsbehörde. Du mußt wieder ausreisen, ein Visum beantragen, um dann wieder einreisen zu können", erklärte sie mir freundlich. Mir schwirrte der Kopf. Mir schien das ganze Theater völlig unlogisch, ja absurd zu sein.

Wir gingen also zurück zu jener Stelle, bei der mir Stunden zuvor die sogenannten „Alternativen" verkündet worden waren. Ich mußte erneut einige Formulare ausfüllen. Diesmal wollte der Beamte den Ort der Tagung wissen. „Leukstadt im Kanton Wallis" antwortete ich. „Leukstadt kenne ich nicht, wo ist das?" Ich war mit meinem Latein am Ende. Zum Glück sprach meine Begleiterin Französisch. Sie nannte ihm den französischen Namen des Ortes, was dem Beamten aber auch nicht auf die Sprünge half. Also erklärte sie ihm, daß die Gegend für ihre Thermen bekannt und berühmt sei.

Als die Sache mit dem Ort endlich geklärt war, begann eine neue Fragewelle: Warum mein Sohn Österreicher sei, wollte der Beamte wissen. Meine Erklärung, daß der Kleine die Staatsbürgerschaft durch seinen Vater erlangt habe, schien dem Herrn nicht einzuleuchten. Da mir keine andere Erklärung einfiel, fragte ich schon ziemlich ungeduldig, ob denn die Tatsache, daß das Kind einer Palästinenserin Österreicher ist, gegen ein schweizerisches Gesetz verstoße. „Nein, aber es ist einfach unlogisch", antwortete der Beamte. Kurz vor 22 Uhr verließen wir schließlich den Flughafen. In meinem Paß war inzwischen ein Visum für sieben Tage eingetragen worden.

Beim Verlassen des Flughafengeländes mußte ich an jenen Schwarzafrikaner denken, der so wie ich intensiv befragt worden war. Ich fragte mich, wie es ihm wohl ergangen war: Hat er es geschafft oder ist er am Tor zur Festung Europa einfach festgehalten oder ausgeschafft worden und keiner hat es bemerkt …

Für immer Palästinenserin

Die österreichische Staatsbürgerschaft habe ich im Jahre 2005 erhalten. Zum ersten Mal in meinem Leben hatte ich nun eine Staatsbürgerschaft und einen „richtigen" Paß. Die unendlichen Schikanen an Grenzübergängen sollten damit beendet sein.

Österreich ist ein neutrales Land, also dürfen die Staatsbürger keine zweite Staatsbürgerschaft haben, außer in Ausnahmefällen wie zum Beispiel im Falle Israels. Die österreichischen Behörden haben mir mein palästinensisches „travel document" gelassen. Zum einen ist es keine Staatsbürgerschaft und zum anderen wissen die Behörden wohl, daß Palästinenser, die eine Identitätsnummer haben, das heißt in den seit 1967 Besetzten Gebieten leben oder lebten, nach Israel nur mit den palästinensischen Dokumenten einreisen dürfen.

Im Herbst 2005 will ich mit meinem zu diesem Zeitpunkt einenhalbjährigen Sohn meine Heimat besuchen. Ranad ist österreichischer Staatsbürger und besitzt keine anderen Dokumente. Unsere Reise führt über Tel Aviv. Seit der zweiten Intifada ist es für Palästinenser aus den Besetzten Gebieten eigentlich so gut wie unmöglich, über Tel Aviv zu reisen. Doch mir stand diese Möglichkeit offen, da ich zwei Jahre zuvor das Land über Tel Aviv verlassen hatte und nun über den gleichen Übergang zurückkommen durfte.

Wir landen am Tel Aviver Flughafen und begeben uns zum Schalter. Ich reiche unsere beiden österreichischen Pässe ein. An und für sich nichts Außergewöhnliches. Doch als die Beamtin die Einreiseformulare liest, bemerkt sie, daß wir nach Bethlehem wollen. Sie kommentiert das nicht, bittet uns allerdings, etwas zu warten. Ranad und ich warten fast eine Stunde. Dann kommt die Beamtin wieder. „Haben sie eine palästinensische Identitätskarte?", will sie wissen. „Ja, die habe ich", antworte ich. „Wie lautet die Nummer?" „Keine Ahnung", erwidere ich. „Wo ist ihr palästinensisches ‚travel document'?", will die Beamtin wissen. In dem Moment geht mir durch den Kopf, daß ich es inmitten der Euphorie zu Hause vergessen hatte. „Ich habe es nicht dabei", erwidere ich. „Ich bin jetzt eine österreichische Staatsbürgerin und reise nur noch mit diesen Dokumenten."

Die Schlange wartender Menschen hinter uns wird immer länger. Die Beamtin schaut mich mit ernstem Blick an und sagt: „Sie können überall auf der Welt als Österreicherin einreisen, aber für uns hier sind und bleiben Sie eine Palästinenserin." „Wow", erwidere ich mit lauter Stimme, „und die Menschen meinen, es gibt keinen Fortschritt in diesem Konflikt. Für Golda Meir waren Palästinenser nicht existent. Jetzt erinnern uns israelische Beamte daran, daß wir Palästinenser sind, wenn wir es vergessen oder einfach eine andere Staatsbürgerschaft angenommen haben." Die Beamtin ist von meiner Antwort ein wenig verwirrt. Sie bittet uns erneut zu warten. Nach einiger Zeit werden wir von einer neuen Beamtin befragt. Das Problem scheint meine Identitätsnummer zu sein, was ich nicht verstehe, da diese doch erscheinen müßte, sobald mein Name in den Computer eingegeben wird. Auf einmal fällt mir ein, daß das Rätsel im österreichischen Hang zu Titeln liegen könnte. In meinem österreichischen Paß steht mein akademischer Titel am Anfang meines Namens. M.A. Al Raheb. Der Computer geht davon aus, daß die beiden ersten Initialen zum Namen gehören, also findet er mich nicht. Als die Sache mit dem Titel geklärt ist, erscheinen mein Name und meine Identitätsnummer im Computer. Nun bleibt die Frage offen, ob sie mich einreisen lassen und mit welchen Dokumenten. Wegen Ranad wird mir die Einreise erlaubt, allerdings unter der Bedingung, daß ich mir mein palästinensisches Dokument schicken lasse und damit das Land verlasse. Erneut am Schalter, stempelt die Beamtin das Visum für Ranad in den österreichischen Paß. Mein österreichischer Paß erhält einen Stempel mit dem Hinweis darauf, daß ich Palästinenserin bin mit der Nummer meiner Identitätskarte samt dem Vermerk, daß ich das Land nicht als Österreicherin bereisen darf, also kein Visum bekomme. Danach tritt meine österreichische Staatsbürgerschaft beim Überqueren der Grenze außer Kraft. Dies hat kaum mehr mit der österreichischen Staatsbürgerschaft zu tun. Palästinenser, die eine andere Staatsbürgerschaft angenommen haben, werden von Israel nicht als reguläre Staatsbürger des neuen Staates angesehen, sondern vor allem als gebürtige Palästinenser nach dem Motto „Einmal Palästinenser - immer Palästinenser".

Die Internationale Gemeinschaft weiß sehr wohl darüber Bescheid, unternommen wird jedoch wenig dagegen. Und ich dachte, das Reisen wird einfacher!

Willkür

Mein Reiseziel ist Bethlehem. Inzwischen ist das Reisen über Tel Aviv für Palästinenser so gut wie unmöglich geworden, egal mit welchem Paß man es versucht. Der einzige Weg für gebürtige Palästinenser nach Palästina führt also über Jordanien. 2007 mußte ich also mit meinem dreieinhalbjährigen Sohn über Jordanien einreisen.

Die Reise führt mit dem Flugzeug nach Amman und von dort über die sogenannte Allenby-Brücke nach Jericho, um letztendlich nach Bethlehem zu gelangen. Das ist an sich schon eine komplizierte Reise, die jedoch noch komplizierter wird, da wir (mein Sohn und ich) zwei verschiedene Reisedokumente benutzen. Mein Sohn, geboren in Wien, ist österreichischer Staatsbürger, ich eigentlich inzwischen auch. Doch in meine Heimat einreisen darf ich ja nur als Palästinenserin. Die Prozedur ist schwierig, weil Ausländer einen anderen Zugang benutzen als Palästinenser, mein Sohn aber nicht alleine durch den internationalen Zugang gehen kann, da er noch minderjährig ist. Also reist er mit mir gemeinsam. Wir erreichen den jordanischen Kontrollpunkt. Der Beamte ist verwundert über die verschiedenen Dokumente. „Ich kann Ihre Papiere erledigen, doch für Ihren Sohn müssen Sie zum internationalen Zugang." Also begebe ich mich hin. Dort schaut sich der Beamte die Dokumente erneut an. „Wieso ist Ihr Kind nicht in Ihrem palästinensischen Paß eingetragen?", will er von mir wissen. „Weil er österreichischer Staatsbürger ist", erkläre ich. „Haben Sie seine Geburtsurkunde und Ihre Heiratsurkunde dabei?", will der Beamte von mir wissen.

„Nein, habe ich nicht, wer reist schon mit solchen Dokumenten?" „Diese wären notwendig, um ihn in Ihre Papiere einzutragen", erklärt der Beamte. „Aber, ich will ihn nicht eintragen", erwidere ich, „denn dann würde er seine Rechte als Österreicher im Land verlieren." Der Beamte ist entsetzt von meiner Antwort. „Was wird aus Palästina, wenn alle so denken würden wie Sie?", sagt er mir mit einem herablassenden Blick. „Wissen Sie", antworte ich dem Beamten, „ich habe mein Leben lang in Palästina gelebt und mich für eine bessere Zukunft meines Landes eingesetzt, also bitte verschonen Sie mich mit einem Vortrag über Patriotismus!"

Der Beamte ist verärgert. Er stempelt Ranads Papiere und ich kann weiterfahren. Wir nehmen den Bus in Richtung israelische Grenze. Nach ein paar hundert Metern bleibt unser Bus vor einer Schranke stehen. Vor uns zahlreiche Busse, die ebenfalls in der Warteschlange stehen. An diesem Tag haben muslimische Pilger und Pilgerinnen aus Jerusalem, die gerade aus Mekka zurückkommen, Vorfahrt. Bei einer Temperatur von ca. 40° C. warten wir zweieinhalb Stunden im Bus. Dann geht es weiter. Als ich zur palästinensisch-israelischen Seite komme, stelle ich mich zur Kontrolle in der Schlange an. Die Grenzbeamtin schaut sich meinen Paß an, dann fragt sie nach meinem zweiten Paß, dem österreichischen. Ich darf mit dem österreichischen nicht einreisen, doch die Beamtin will den Paß abstempeln mit dem Vermerk, daß ich palästinensischen Ursprungs bin und eine Identitätskarte besitze. Damit wird meine österreichische Staatsbürgerschaft ungültig, sobald ich die Grenze überschreite, denn nach Palästina kann ich nur als Palästinenserin einreisen. Kein Problem! Doch dann schaut sie sich Ranads Paß an und die Schwierigkeiten fangen erneut an.

„Ihr Kind hat keine palästinensische Identitätskarte und ist nicht in Ihrem Paß eingetragen." „Stimmt", erwidere ich, „er ist Österreicher und will als solcher einreisen."

Eine komplizierte Angelegenheit, denn Ausländer müssen über einen anderen Grenzübergang einreisen. Ranad ist allerdings dreieinhalb und kann dies alleine nicht tun, also muß ich mit, was ich als Palästinenserin aber nicht darf. Die Beamtin fragt nach den gleichen Dokumenten, die der jordanische Beamte sehen wollte. Ich erkläre ihr, daß ich weder meine Heiratsurkunde noch Ranads Geburtsurkunde dabei habe. Die Beamtin muß ihren Vorgesetzten fragen, während ich warten muß. Nach etwa einer halben Stunde kommt ihr Vorgesetzter. „Sie müssen Ihr Kind in Ihrem palästinensischen Paß eintragen, um mit ihm einreisen zu können." „Wieso muß ich ihn eintragen lassen? Er kann als Österreicher einreisen." Der Beamte versucht mir zu erklären, daß ich dann den Vorteil hätte, daß der Kleine mich überall begleiten kann. Klingt vielversprechend, wenn die Realität nicht genau umgekehrt wäre! Denn als Österreicher darf Ranad das ganze Land bereisen, auch Israel, als Palästinenser allerdings nicht. Die Familie meines Mannes lebt allerdings in Israel. „Sie meinen, eher kann er mich nirgendwo hin begleiten."

Der Beamte grinst. Er scheint meinen Witz verstanden zu haben. Dennoch läßt er nicht locker, was die Sache mit dem Eintragen angeht. Ich erkläre dem Beamten, daß ich keinerlei Papiere dabei habe, die erforderlich für einen solchen Schritt wären. „Kein Problem", sagt er mir, er würde es machen. „Was, Sie würden den Kleinen in meinen Paß eintragen, ohne jegliche Dokumente? Aber wie, ich heiße

Raheb, da ich meinen Mädchennamen beibehalten habe, mein Sohn trägt aber den Nachnamen seines Vaters Abado. Laut palästinensischem Paß bin ich unverheiratet, wie soll es also gehen?" Kein Problem, Dokumente können später eingereicht werden - und ich dachte, die Bürokratie sei hierzulande mühsam!

Die Diskussion mit dem Beamten dauert ewig. Schließlich erkläre ich ihm, daß ich meinen Sohn nicht eintragen lassen will, also wenn er ihn nicht einreisen lassen will, dann soll er ihn als Österreicher abweisen. Meine Hartnäckigkeit und die Offenheit des Beamten macht es dann schlußendlich doch noch möglich, daß Ranad als Österreicher einreisen darf.

Der Beamte geht und ich muß erneut warten, bis eine Beamtin kommt, die mit mir und Ranad zum ausländischen Grenzübergang geht, um Ranads Dokumente zu erledigen. Nach acht Stunden Reise betreten Ranad und ich nun Palästina.

Eine Woche später erfahre ich, daß eine Freundin von mir, deren Sohn amerikanischer Staatsbürger ist und die das Eintragen in den palästinensischen Paß abgelehnt hat, mit ihrem Sohn nach Amman abgeschoben wurde. Die Willkür der Vorschriften und die Macht der Einzelnen hat es mir ermöglicht, mit Ranad doch einzureisen.

Ob es das nächste Mal auch so sein wird?

Politische Ansichten

Unser Ziel ist die (griechisch-)orthodoxe Universität von Balamand in den Bergen nördlich von Beirut. Marwan und seine Band spielen dort am Abend ein Konzert. Wir fahren mit zwei Taxis. In einem fährt Marwan mit den Instrumenten und im zweiten fahre ich mit seinen zwei Kollegen, beide Österreicher.

Franz ist das erste Mal im Libanon, Peter hatte Marwan schon einmal nach Beirut begleitet. Kurz nachdem die Reise begonnen hatte, fragte Franz mich auf Deutsch, was die Gründe für den Bürgerkrieg im Libanon waren. Ich versuche ihm die Geschichte zu erläutern. Obwohl wir auf Deutsch reden, bekommt unser Fahrer das Thema mit. Er ist ein christlicher Maronit, er schaut mich an und fragt mich, was ich erzähle. Ich erkläre ihm, daß Franz nach dem Bürgerkrieg gefragt hat. „Nun, ich werde Ihnen sagen, was Sache ist." Unser Taxifahrer fängt an, seine Version der Geschichte zu erzählen. In seiner Darstellung sind die Palästinenser an allem Schuld, am Bürgerkrieg, an der Zerstörung des Libanon, an den Rivalitäten unter den libanesischen Parteien, einfach an allem. Ich bemühe mich um eine wortwörtliche Übersetzung des Gespräches, ohne dabei irgendeine Reaktion des Mißbilligens oder der Betroffenheit zu zeigen. Franz ist entsetzt. „Wie kannst du nur so ruhig sitzen und dies alles über dich ergehen lassen?" Ich versuche zu erklären, daß es mir darum geht, die Sicht des Fahrers zu verstehen, ohne gleich das Gespräch abzuwürgen. „Würde der Fahrer wissen, daß ich Palästinenserin bin, würde er nichts erzählen, also lassen wir ihm die Freude", sage ich.

Einen Satz aus dem Gespräch werde ich mein Leben lang nie vergessen. „Kennen Sie die Redewendung: ‚Eine Katastrophe für die einen, ist der Segen der anderen'? Nun, es ist wahrlich eine Katastrophe, daß Israel unser Land 1982 militärisch attackiert hat, doch Gott sei Dank sind wir dadurch die Palästinenser für immer losgeworden."

Kurz vor unserem Ziel müssen wir tanken. Unsere beiden Taxis halten an der gleichen Tankstelle an. Der Taxifahrer, mit dem Marwan unterwegs ist, weiß, daß ich die Frau von Marwan bin und somit Palästinenserin. Er muß es unserem Fahrer erzählt haben, denn kaum ist er wieder im Taxi, blickt er mich an und fragt, ob ich Libanesin sei. Nein, das bin ich nicht, antworte ich. Sein Gesicht wird rot. „Na ja, dann sind Sie sicherlich Jordanierin?" – „Nein, auch nicht." „Ägypterin?" „Auch nicht." Meine Liebe zur Sprache hilft mir immer dabei, mich sprachlich anzupassen, so ist es manchmal recht schwierig, von meinem Dialekt auf meine Herkunft zu schließen.

„Sag bloß, Du bist Palästinenserin!", fragt der Taxifahrer mit erschrockener Stimme. „Ja, genau, das bin ich", erwidere ich. „Tut mir wirklich leid, ich wußte es nicht. Ich wollte Sie nicht verletzen". „Aber gewiß nicht, Sie haben Ihre Meinung gesagt. Sie sollen Ihre Meinung äußern können, egal, wer der Zuhörer ist, oder nicht?" sage ich dem Taxifahrer lächelnd.

Überfordert von der Erkenntnis, zeigt der Taxifahrer auf einmal nach links und sagt: „Schauen Sie dort hin, sehen Sie das Kloster in der Ferne, das ist eines der ältesten in der Gegend, fast 2000 Jahre alt." Von da an verwandelt sich unser Taxifahrer in einen Reiseführer. Er erzählt uns über Archäologie, Architektur, Straßenbauten und vieles mehr. Unsere zwei Freunde sind überrascht. Ich schaue Franz lächelnd an und sage: „Verstehst Du jetzt, warum ich am Anfang nichts gesagt habe? Wir hätten gar nichts über seine politischen Ansichten erfahren." Nach einer Weile kommen wir zur Universität und verabschieden uns sehr freundlich vom Taxifahrer.

In den darauf folgenden Tagen in Beirut läßt mich das Gespräch mit dem Taxifahrer nicht los, ebenso wenig wie die ausdruckslosen Gesichter der Menschen auf der Straße. Ich bemühe mich darum, Trauer, Freude, Wut und Angst auf den Gesichtern der Menschen zu erkennen, doch vergeblich. Als ich einem Freund von Marwan meine Eindrücke schildere, erzählt er, daß er einmal einen Pantomimen nach Beirut eingeladen hatte, um im Zentrum aufzutreten. Nach ein paar Tagen gab der Künstler seine Arbeit auf, „Es ist unmöglich, hier jemanden nachzuahmen, die Gesichter sind so ausdruckslos", sagte er und warf das Handtuch. Vor mir erscheint das Gesicht unseres Taxifahrers wieder, auch seines war ausdruckslos, sowohl bei seinem politischen als auch bei seinem archäologischen Vortrag.

Eine Außensicht von innen
Texte zur Situation in Palästina

Fraueneinsatz

„Wie sieht es mit dem Engagement von Frauen für den Frieden in Ihrem Land aus?" Eine Frage, die mir fast bei jedem Vortrag gestellt wird. Nach nun mehr 20 Jahren Öffentlichkeitsarbeit fällt mir die Beantwortung dieser Frage immer schwerer. Wenn ich ehrlich zu mir selbst bin, dann muß ich sagen, daß solche Fragen bei mir inzwischen allergische Reaktionen hervorrufen. Ähnlich ist es mir beim Verfassen dieses Textes ergangen. Nicht so sehr, weil das Thema schwierig wäre, was es ja auch tatsächlich ist, sondern hauptsächlich deswegen, weil es für mich dabei persönlich um eine Aufarbeitung einer bestimmten Phase meines Lebens geht.

Erlauben Sie mir den Versuch einer Annäherung: Sie sitzt vor mir. Ihr ganzes Leben hat sie für den Frieden geopfert. Keine Zeit und keine Mühe waren ihr zu viel. Ihre eigene Familie blieb dabei auf der Strecke, so wie ihre Gesundheit. Inzwischen ist sie im Rentenalter. Ihr Engagement ist geblieben, wenn auch etwas geschwächt vom Alter. Ihre Kinder leben ihr eigenes Leben und haben kaum Zeit für die Mutter, die für sie, wenn überhaupt, nur wenig Zeit hatte. Um ihre Gesundheit steht es mehr schlecht als recht, doch wer nimmt Notiz davon? Wen kümmert es? Daß sie sich selbst bei ihrem Einsatz zerstört hat, scheint niemanden wirklich zu stören. „Sie wollte es so haben!" – „Es war ihr Weg, ihre Entscheidung!"

Doch ist es wirklich so? Haben wir sie als Friedensfrau in ihren besten Jahren nicht groß gefeiert? Haben wir nicht ihr Bild als Heldin bzw. als Idol immer wieder forciert? Haben wir nicht Verständnis dafür gehabt, daß sie keine Zeit hatte, krank zu werden, den Geburtstag ihrer Kinder zu feiern, Urlaub zu machen usw.? Haben wir sie nicht ständig dazu bewegt, noch einen Termin anzunehmen oder noch eine Reise zu unternehmen? Und jetzt? Was ist davon geblieben? Wie viele von denen, für die sie sich eingesetzt hat, sind noch präsent in ihrem Leben? Mit dem Alter, mit der Zerbrechlichkeit, wird der „Fanclub" immer kleiner.

Wenn ich sie anschaue, dann tauchen Bilder aus meinem eigenen Leben wieder auf, die inzwischen weit zurückliegen.

In Zeiten des Wahnsinns suchen wir verzweifelt nach Heldenbildern bzw. Heldenvorbildern. In einem Kontext von Gewalt, Tod, Trauer und Verzweiflung helfen uns solche Helden, einen gewissen Optimismus zu bewahren. Dabei übernehmen diese Helden verschiedene Funktionen in unserer Auseinandersetzung mit einem konkreten Fall, was auch auf Frauen zutrifft.

Doch gerade diese Funktionen sind es, die mir zu schaffen machen, denn indem wir Frauen in diese Bilder hineinpressen, berauben wir sie ihrer Menschlichkeit. Frauen, die in Krisen- und Kriegssituationen leben, bezahlen einen hohen Preis für ihren Einsatz für den Frieden. Einen Preis, der oft dahin führt, daß Frauen sich selbst an die Grenzen der Gewalt bringen. Doch bei unserem Eifer auf der Suche nach diesen Heldenbildern bzw. Vorbildern übersehen wir die Frau in ihrem konkreten Leben. Daß Frieden schaffende Frauen ihr persönliches Leben auf ein Minimum reduzieren, stört uns wenig. Daß sie Selbstaufopferung betreiben, bleibt bei den meisten von uns unbemerkt. Ganz im Gegenteil, wenn wir mit ihnen reden, dann tendieren wir eher dazu, sie zu ermutigen!

Muß der Einsatz von Frauen für den Frieden an die Grenzen der Existenz gehen? Vor ein paar Jahren hätte ich diese Frage ohne Zögern mit ja beantwortet, denn zu schwierig und zu lang ist der Weg, so daß mir jeder Preis dafür gerechtfertigt schien.

Inzwischen habe ich mich besonnen. Oder ist es vielleicht nur das Alter? Inzwischen bin ich fest davon überzeugt, daß der Einsatz für den Frieden nicht Selbstaufopferung bedeuten muß. Ganz im Gegenteil, heute bin ich der Überzeugung, daß der Einsatz um so größer wäre, wenn wir auf uns als Menschen, aber auch auf unsere Lieben etwas mehr achten würden, wenn wir uns eine gewisse menschliche Müdigkeit zugestehen würden. Frieden schaffende Frauen müssen keine ‚Superwomen' sein.

Es sind Leidenschaft, Zerbrechlichkeit und Verletzbarkeit, die letztendlich die Menschlichkeit des Friedens ausmachen, für den sich Frauen einsetzen.

Palästina ... und dennoch blüht das Leben

Seit mehr als zwanzig Jahren bin ich nun international in Sachen Palästina unterwegs. Unzählige Vorträge, Veranstaltungen, Seminare habe ich bestritten, so daß mir inzwischen oft die Kraft fehlt, mich an solchen Veranstaltungen weiter zu beteiligen. Zum einen ist es sicherlich das Alter. Mit zwanzig hatte ich die Kraft und den Elan, von einer Tagung zur nächsten zu reisen. Gleichzeitig war meine Geduld eine andere, wenn es darum ging, zum hunderttausendsten Mal den Menschen zu erklären, wo Palästina nun liegt und worum es sich bei diesem Thema handelt. Doch es wäre zu einfach, meine Müdigkeit und die schwindende Begeisterung einfach auf das Alter zu beziehen.

Wenn ich auf meinen Einsatz in den vergangenen zwanzig Jahren zurückblicke, dann fällt mir auf, daß fast alle Veranstaltungen sich mit dem Leben und Leiden in Palästina beschäftigten. Eigentlich ganz legitim, denn im Zentrum dieses Konfliktes steht das tägliche Leiden der Menschen.

Der Konflikt im Land, der Schmerz und der Schrecken bieten den fast alleinigen Zugang zum Thema. Doch nicht nur mir wird dieser Zugang zunehmend zu bedrückend. Uns Palästinensern geht es oftmals so, daß wir keine Kraft mehr haben, uns mit den „breaking news" aus dem Land der Konflikte auseinanderzusetzen. Wer sich über die Jahre mit Palästina beschäftigt hat, wird sich an die täglichen Meldungen gewöhnt haben, die nichts Gutes verheißen. Er/Sie wird sich sogar an das Gefühl der Ohnmacht gewöhnt haben, daß einen dabei beschleicht! Er/Sie wird sogar soweit gekommen sein, keine Kraft mehr zu haben, sich immer wieder mit den Ereignissen auseinanderzusetzen. Kein Wunder.

In unseren Herzen und Gedanken hat sich das Bild verfestigt, daß Palästina nur Schmerz, Trauer, Hoffnungslosigkeit und Tod beschert sein soll. Ein Bild, das Palästina nicht nur statisch werden läßt, sondern vielmehr das eigentliche Leben ausblendet. Denn Palästina hat nicht nur Leid mitzuteilen, sondern auch einen Willen zum Leben. Inmitten von Tod und Leid blüht ein ungewöhnliches Leben, das es wert ist, wahrgenommen zu werden.

Dieser andere Zugang scheint allerdings bei vielen auf taube Ohren zu stoßen, wenn nicht gar auf Abwehr. Ich erinnere mich gut an eine Tagung in Deutschland bei der ich für ein anderes Bild Palästinas plädierte. Meine palästinensischen Landsleute waren entsetzt. Das Gleiche ist meinem Mann Marwan passiert, als er vor ein paar Jahren von einem arabischen Fernsehsender eingeladen wurde, bei einer Sendung zugunsten Palästinas musikalisch mitzuwirken. Die Sendung beinhaltete auch einen Spendenaufruf für soziale Projekte in Palästina. Marwan begann mit einem Lied, das er während der zweiten Intifada geschrieben hatte. Der Text des Liedes lautete:

Jeden Tag gibt es Nachrichten,
jeden Tag gibt es Bilder
aus einem Land namens Palästina.

Jeden Tag gibt es Kämpfe,
jeden Tag gibt es Abschied
in einem Land namens Palästina.

*Ich wünsche uns einen Tag
ohne Heldentaten,
ohne Märtyrer,
ohne Verletzte,
einen ganz langweiligen, banalen Tag,
und dieser gewöhnliche Tag
wird zum Festtag
für ein Land namens Palästina.*

Ein zweites Lied hat Marwan nicht mehr singen können. Die Moderatorin konnte mit dem Lied wenig anfangen. Nicht das Palästina, welches das Leben bejaht, sollte im Zentrum der Sendung stehen, sondern vielmehr das leidende, zerbrochene Palästina. Für den Spendenaufruf sicherlich einleuchtend! Doch mir wird dieses Bild langsam zum Gefängnis, aus dem ich gerne ausbrechen möchte.

Ich erhebe Anspruch auf ein anderes Palästina, auf das Palästina, welches das Leben bejaht, in dem das Leben blüht.

Mit dem palästinensischen Dichter Mahmoud Darwish erhebe ich die Stimme: „Denn wir lieben das Leben". Ja, wir lieben das Leben. Das Leben, das dort blüht, wo palästinensische Bauern sich in aller Herrgottsfrühe auf den Weg zu ihren Ländereien machen, um die neue Olivenernte zu pflücken und aus dieser Erntezeit ein Fest der Begegnung zu machen, etwa dort, wo sie sich mit internationalen Gästen oder israelischen Friedensaktivisten zusammentun.

Das Leben blüht dort, wo junge Leute sich durch ihre Kreativität leiten lassen, um eine unmenschliche Trennmauer zu bemalen. Ihr Zeichnen wird zwar die Mauer nicht abbauen können, aber vielleicht ein Stück von der politischen Mentalität dahinter.

Das Leben blüht dort, wo wir lernen, die Zeichen der Hoffnung in Palästina zu erkennen, anstatt uns immer nur von der Hoffnungslosigkeit leiten zu lassen.

Erwachen

Ein ganz normaler Tag beginnt: Der 14 Juni. Im Laufe des Nachmittags wird allerdings deutlich, daß dieser Tag sich in die Geschichte des palästinensischen Volks als ein sehr trauriger, bitterer einprägen wird. Hamas hat den Gazastreifen unter ihre Gewalt gebracht und alle sind entsetzt. Die Telephone laufen heiß, so unfaßbar sind die Geschehnisse, daß die Mehrheit sprachlos ist. Ich bin völlig fertig, wütend, traurig und vieles mehr.

Eins allerdings nicht, ich bin nicht sprachlos. Nein, ich will und ich kann nicht schweigen. Mir fehlen nicht die Worte um das Geschehene zu erklären. Ganz im Gegenteil, ich rede und rede, mache kaum eine Pause, kommentiere die Nachrichten, diskutiere mit meinem Mann, rede vor mich hin. Es ist nicht so, als könnte ich nicht fassen, was da in Gaza geschehen ist. Nein, ganz im Gegenteil. Ich kann es ganz genau fassen, was da geschehen ist.

Zu lange haben wir geschwiegen. Zu lange haben wir uns selbst beirren lassen bzw. haben uns selbst in die Irre geführt.

Seit der Intifada I Ende der achtziger Jahre schleicht sich eine politische Veränderung in die palästinensische Gesellschaft ein und wir haben es einfach nicht wirklich begreifen wollen. Die Vision einer politischen Befreiung Palästinas wurde zunehmend an ein religiöses Vokabular gebunden und wir redeten mit. Die Vision eines säkularen Palästinas wurde immer marginaler und wir haben es kaum wahrnehmen wollen.

Als Ende der achtziger Jahre Hamas seitens Israels verboten wurde, gelangte sie zu innenpolitischer Anerkennung. Wen der Feind draußen delegitimiert, erlangt im Inneren nationale Legitimation. Als Palästinenser sind wir mit der Hamas und ihren zunehmenden Siegen auf der Straße beschäftigt, ganz offensichtlich bei der letzten Wahl, wo Hamas die Mehrheit der Sitze im Parlament erringt.

Gewiß hat Hamas die letzten Wahlen durch eine demokratische Wahl gewonnen. Die palästinensische Gesellschaft wollte Fatah eine Lektion erteilen. Eine Protestwahl wird zum Verhängnis, nicht für Fatah, sondern vielmehr für das gesamte palästinensische Volk. Die Weltgemeinschaft weigert sich die gewählte Regierung Palästinas anzuerkennen. Nach der Devise: Demokratie ja, aber nur nach unseren Maßstäben. Die politische Kluft zwischen Palästina und die Weltgemeinschaft wird größer, Gelder der Entwicklungszusammenarbeit werden eingefroren und ein ganzes Volk wird bis an die Grenze des Verhungerns getrieben. Besonders betroffen ist der Gaza Streifen.

Mit dem politischen Boykott liefert die Weltgemeinschaft Hamas das Alibi, ihr politisches Programm nicht umsetzen zu müssen. Innerpalästinensische und arabische Bemühungen versuchen, einen Weg aus der prekären Lage zu finden, die darin münden, eine Regierung der Nationalen Einheit zu bilden.

Doch diese hat eine kurze Lebensspanne. Die Rivalität zwischen Fatah und Hamas wird immer stärker. Hamas hat die Wahl gewonnen, doch Fatah will weiter bestimmen. Lange läßt sich Hamas das nicht gefallen, wie der 14. Juni

2007 zeigte. Der Putsch in Gaza endet mit einem, wie viele Kommentatoren es nannten, „Hamastan" in Gaza und ein „Fatahstan" in der Westbank. Ein politischer Aufruhr geht durch das Land. Doch worüber eigentlich?

Über die letzten Jahrzehnte hinweg vollzog sich eine politische Veränderung innerhalb der palästinensischen nationalen Ideologie. Die schleichende, religiöse Aufladung des politischen Diskurses wurde kaum wahrgenommen. Ein Beispiel ist die Debatte um ein Grundgesetz: Aus der ursprünglichen Vision eines säkularen Palästinas, wie etwa in der Unabhängigkeitserklärung von 1987, wird ein palästinensischer Staat mit der Scharia als einer Quelle seiner Gesetzgebung.

Ein politischer Streichelkurs vollzieht sich zwischen den verschiedenen politischen Parteien Palästinas und der Hamas. Nicht nur was Fatah angeht, nein, auch was die progressiven linken Parteien angeht. Um bestimmte kurzfristige Ziele zu erreichen, wird das Hauptziel geopfert. Immer wieder kommt es zur Bildung einer gemeinsamen politischen Front zwischen Hamas und einigen linken Parteien, man will der Fatah eine Lektion erteilen, die sie sicherlich auch verdient hat, doch der politische Preis dafür ist hoch, viel zu hoch.

Erst der 14. Juni 2007 rüttelt einige aus ihrem tiefen Schlaf wach. Erst als die palästinensische Flagge, für die Tausende Menschen ihr Leben geopfert haben, herunter gerissen wurde, um an deren Stelle die Flagge einer einzelnen politischen Fraktion, der Hamas nämlich, zu hissen, erwachen einige Seelen. Als ob es dieses symbolischen Aktes bedurft hätte, um den Menschen klar zu machen, worum es sich hierbei im Kern handelt.

Es geht nicht mehr darum, ob Hamas mittels demokratischer Wahl zur Macht gelangt ist, was sicherlich der Fall ist. Es geht vielmehr um die Frage nach der Möglichkeit politischer Einigung zwischen jenen, die sich für einen säkularen, demokratischen Staat Palästina einsetzen und jenen, die einen religiösen Staat - mit der Scharia als Grundlage der Gesetzgebung wollen. Die Antwort ist meiner Meinung nach eindeutig: Nein. Die politischen Agenden beider Bewegungen sind so weit von einander entfernt, daß sie kaum zusammen kommen können. Dabei meine ich nicht Fatah und Hamas, sondern vielmehr die politische Ideologie, aus der der palästinensische Befreiungskampf hervor ging und die religiöse politische Ideologie, die vor allem durch Hamas vertreten wird. Eine Synthese zwischen einer säkular orientierten und einer religiös definierten Staatsform kann nicht gebildet werden, da es an einer gemeinsamen Basis, was die politischen Grundwerte einer Gesellschaft angeht, mangelt.

Veränderung

Bei meiner letzten Reise gehe ich mit zwei Freundinnen in Bethlehem einkaufen. In einem Geschäft in der Nähe des Marktes schaue ich mir einige Tischdecken an. Ich kann mich jedoch nicht zum Kauf entschließen. Die Verkäuferin will mir dabei helfen. Sie schaut mich an und sagt: „Diese weinrote Decke würde sehr gut in ihr Haus passen." Ich blicke sie völlig erstaunt an. „Waren Sie schon mal bei mir Zuhause? Oder woher wissen sie, daß sie in mein Haus gut passen würde?"

Die Frau, die eine Kopfbedeckung trägt, schaut mich und meine zwei Freundinnen an, die alle zwei keine Kopfbedeckung haben, und meint, daß sie weiß, daß wir zu Weihnachten weinrote Tischdecken bevorzugen. Eine Erklärung, die mich erstaunt. Nicht die Tatsache bevorzugter Farben zu Weihnachten, denn in einer christlich-muslimischen Stadt ist diese Erkenntnis kein großes Geheimnis. Was mich erstaunt hat, ist die Schlußfolgerung der Verkäuferin im Bezug auf unsere Religionszugehörigkeit.

Christen und Muslime in Palästina gehören beide dem gleichen Volk an, von ihrem Aussehen kann kaum auf die religiöse Zugehörigkeit geschlossen werden. Der entscheidende Hinweis kann also nur in der Kopfbedeckung bzw. im Fehlen einer solchen gelegen haben. Diese Erkenntnis erschüttert mich. Denn das Kopftuch ist eine relativ neue Erscheinung in Palästina. Eingeführt wurde es mit der Revolution im Iran, befestigt wurde es durch den zunehmenden Einfluß von Hamas im politischen Leben Palästinas.

In den folgenden Tagen halte ich die Augen offen. Mir fällt auf, daß es immer mehr Frauen in Palästina gibt, die eine Kopfbedeckung tragen. Ein Bild, das ich aus meiner Kindheit und Jugend kaum kenne. Wenn dieser Trend weiter geht, wird es irgendwann tatsächlich der Fall sein, daß nur die christlichen Frauen Palästinas keine Kopfbedeckung tragen werden. Weit sind wir nicht mehr davon entfernt. Als ich auf meiner Rückreise nach Jordanien die Brücke überquere, bin ich die einzige Frau ohne Kopfbedeckung. Was heißt diese Veränderung für die Zukunft dieses Landes? Und welche Auswirkungen wird sie auf die gesellschaftliche Stellung der Frauen haben oder gar auf die politische Entwicklung des Landes? Fragen, auf die ich keine wirkliche Antwort weiß.

Geräusche

Als ich mit meinem Sohn Ranad das erste Mal nach Palästina reiste, war er gerade ein Jahr und acht Monate alt. Für den Kleinen, der in Wien zur Welt kam und lebt, ist die religiöse Vielfalt in Bethlehem faszinierend. Meine Bethlehemer Wohnung befindet sich inmitten der Altstadt. Der Ruf des Muezzins sowie das Läuten der Kirchenglocken, sind in ihr deutlich zu hören. Eine Nacht in meiner Wohnung bietet kaum Ruhe für jemanden, der daran nicht gewöhnt ist. Mitten in der Nacht ertönt die Glocke der griechisch-orthodoxen Kirche mit 33 Schlägen, dann die der römisch-katholischen, gefolgt von jener der Armenier und schließlich noch jene der Äthiopier. Kaum ist das Läuten der Glocken vorbei, beginnt der Muezzin in der Hauptmoschee am Krippenplatz mit seinem Ruf zum Gebet, der vom Hall der Rufe aus den anderen Moscheen Bethlehems begleitet wird. Eine laute Nacht für jemand, der die Vielfalt solcher Geräusche nicht gewöhnt ist. Für Ortsansässige allerdings kaum mehr wahrzunehmen. Die menschlichen Ohren desensibilisieren sich nach einiger Zeit. Nach vier Wochen entwickelt Ranad geradezu eine Vorliebe für die vielen Geräusche.

Als wir nach Wien zurückkommen, ruft Ranad eines Tages ganz aufgeregt: „Oma, Oma!" Mein Mann und ich sind sehr überrascht, denn meine Mutter lebt in Bethlehem. Ranad zeigt auf den Fernseher, aus dem der Ruf eines Muezzins ertönt und ruft: „Oma, Oma, hier wohnt die Oma." Für den Kleinen ist der Ruf der Muezzin zum Synonym der Großmutter geworden. Das Gleiche geschieht, wenn wir bei einer Kirche vorbeigehen oder Ranad das Läuten der Kirchenglocken in Wien hört. Auch dann ruft er: „Oma, Oma, hier wohnt die Oma". Seine Oma ist seit unserem Besuch in Bethlehem sowohl der Ruf der Muezzin als auch das Läuten der Glocken, eine wunderbare Brücke zur christlich-muslimischen Begegnung.

Feuerwehr

Für Ranad ist dies der erste Besuch in Palästina, den er wirklich und tatsächlich wahrnimmt. Mit dreieinhalb nimmt ein Kind seine Umwelt bereits sehr bewußt wahr. An der Grenze wird mir deutlich, daß mein Kind ein Sohn Wiens ist. Überall bemerkt er den Schmutz und die Gerüche. „Schau Mama, sie werfen den Müll auf den Boden", sagt er, wenn er jemanden dabei ertappt. Die Leute schauen uns an. Die Verwunderung auf ihren Gesichtern ist nicht zu übersehen. Ein merkwürdiges Gefühl begleitet mich: zum einen mein Stolz auf den Kleinen und zum andern bin ich peinlich berührt, was die anderen angeht.

Irgendwann steigen wir in ein Taxi, das uns nach Bethlehem fahren soll. In der Nähe des Eingangs nach Jericho steht ein militärischer Checkpoint mit israelischen Soldaten. Unser Taxi hält an. Ein vollbewaffneter Soldat öffnet die Tür unseres Taxis und verlangt die Papiere der Passagiere. Spannung liegt in der Luft. Auf einmal schreit Ranad voller Begeisterung: „Schau Mama, ein Feuerlöscher!" Dabei zeigt er mit dem Finger auf das Maschinengewehr des Soldaten. Ranad ist ein Fan der Feuerwehr. Seine Lieblingsbücher handeln von Feuerwehrleuten und Feuerwehrautos. Mein Gesicht wird rot. Zwar haben die Passagiere seine Wortmeldung nicht mitbekommen, da er gerade auf Deutsch sprach, aber die Begeisterung in seiner Stimme und auf seinem Gesicht braucht keine Sprache. Zum andern bin ich völlig überfordert. Soll ich den Kleinen über die Nutzung des Gewehrs aufklären oder ihm seine Auffassung und Begeisterung lassen? Am Ende entscheide ich mich für die zweite Möglichkeit. Er wird ohnehin bald genug wissen müssen, was ein Gewehr ist, wenn er weiterhin regelmäßig Palästina besucht. Er hat die Möglichkeit und den Luxus, weiterhin Kind zu sein, und dies will ich ihm noch lassen.

Anapolis

Wie viele Städtenamen müssen wir uns als Palästinenser noch merken? Madrid, Oslo, Washington, Camp David, Taba, Aqaba, Paris, Mekka und wie sie alle noch heißen. Im Laufe der letzten 17 Jahre wurden unzählige Konferenzen, Tagungen, Verhandlungen und Gespräche rund um den Globus veranstaltet, um den Friedensprozeß in Israel und Palästina voranzutreiben.

Die Hauptakteure blieben dieselben, außer sie waren nicht mehr im Amt oder inzwischen verstorben. Manche Politiker erwachen sogar regelrecht zu einem neuen politischen Leben bei neuen Verhandlungen. Der Kontext ist fast immer gleich: „Wir stehen vor einer historischen Chance"! Zählte man diese „historischen Chancen", dann sind sie ihrer Zahl wegen kaum „historisch"! Die Erwartungen und die Hoffnungen werden, vor allem von den nicht direkt Betroffenen, jedesmal höher geschraubt. Und der festgelegte Zeitraum für die Erreichung einer Lösung wird immer kleiner, so als würde jeder Rückschlag den Takt beschleunigen. Bis Ende 2008 - so heißt es nun inAnapolis! Ein Weltrekord, wenn man bedenkt, daß Oslo alleine für die „Interim Period" fünf Jahre vorsah.

Das politische und mediale Interesse an Anapolis sowie die darin gesetzte Hoffnung zeigen mir, wie kurz unser politisches Gedächtnis eigentlich ist. Die einen sind hoffnungsvoll auf Grund des breiten politischen Interesses an der Konferenz. Doch war es nicht schon immer so, daß, wenn Israelis und Palästinenser einander gegenüber saßen, die Welt auch schon da war (– manches Mal sogar vor den beiden Parteien!)? Die anderen sind hoffnungsvoll, weil es eine starke arabische Präsenz in Anapolis gab. Aber war nicht die arabische Präsenz bei den multilateralen Gesprächen von Madrid viel gewichtiger als die von Anapolis?

Ich höre mir die großartigen Analysen der sogenannten „Nahostexperten" an und frage mich, was wir aus Oslo gelernt haben? Eigentlich nichts!

Palästinensische Flüchtlinge –
Ein Perspektivenwechsel

Bei jeder Diskussion um eine mögliche Lösung des israelisch-palästinensischen Konflikts taucht das Thema der palästinensischen Flüchtlinge auf. Der Zugang dazu ist - nicht nur von Außenstehenden, sondern auch von den Palästinensern selbst - in der Regel einseitig. Nicht nur das Thema wird immer als Problem dargestellt, sondern auch die Menschen um deren Schicksal es sich dabei handelt.

Unser Bild von palästinensischen Flüchtlingen ist völlig verzerrt! Meistens denken wir an sozial unterprivilegierte Menschen, die in Flüchtlingslagern leben. Gewiß ist auch dies ein Teil des Gesamtbildes, aber sicherlich nicht das einzige. Sich das bewußt zu machen, ist ein Grund zur Hoffnung.

Die UNRWA, das Flüchtlingshilfswerk der Vereinten Nationen, hat in seinen letzten Statistiken von Juni 2004 festgestellt, daß die Mehrheit der palästinensischen Flüchtlinge außerhalb von Flüchtlingslagern wohnt, genauer, sich inzwischen ein neues Leben außerhalb der Lager aufgebaut hat. Eine wichtige Erkenntnis bei der Erörterung des Themas, vor allem dann, wenn wir uns gleichzeitig bewußt werden, daß viele dieser Flüchtlinge inzwischen eine neue Staatsbürgerschaft angenommen haben. Daß diese Flüchtlinge trotz des historischen Unrechts der Vertreibung, trotz der Misere der politischen und ökonomischen Realitäten in ihrem Leben und trotz der undefinierten rechtlichen Lage, aus dem Nichts eine neue Existenz aufbauen konnten, gibt Anlaß zur Hoffnung.

Viele palästinensische Flüchtlinge haben nicht nur eine neue Existenz aufgebaut, sondern vielmehr außergewöhnliche Leistungen vollbracht. Denken wir etwa an Professor Edward Said oder auch an viele andere palästinische Intellektuelle weltweit. Sie kommen uns in der Regel nicht in den Sinn, wenn wir von Flüchtlingen reden. Einige werden entgegnen, diese seien doch eher die Ausnahme, gewiß, aber sind solche Intellektuelle immer die Ausnahme?

Auf der anderen Seite haben viele palästinensische Flüchtlinge über die letzten Jahrzehnte hinweg in den verschiedenen Ländern in unterschiedlicher Weise eine eigene Infrastruktur aufbauen konnten. Sie bildeten zivilgesellschaftliche Organisationen, Studierendenvereinigungen und vieles mehr. Eine Leistung, die ein Grund zur Hoffnung ist.

Es ist an der Zeit, sich aus der Sackgasse der Debatte um das Schicksal und die Zukunft palästinensischer Flüchtlinge zu befreien. Bei diesem Thema geht es nicht um eine humanitäre Hilfsaktion, wie viele es gerne hätten. Es geht nicht darum, armen, aussichtslosen, hilflosen Menschen eine Bleibe zu geben oder gar Lebensmittelpakete zukommen zu lassen. Nein, bei diesem Thema geht es hauptsächlich darum zu erkennen, daß diesen Menschen Unrecht geschehen ist. Bei diesem Thema geht es darum, lange bevor die Betroffenen von Politikern und Intellektuellen zum Verzicht auf ihr international anerkanntes Recht auf Rückkehr aufgefordert werden, daran zu arbeiten, das Geschehene zu bekennen und die Betroffenen um Verzeihung zu bitten.

Abschied

Andere Geburt

Mutter dein Tod
ist unsere zweite Geburt
nackter hilfloser
als die erste
weil du nicht da bist
und uns nicht
in den Arm nimmst
um uns vor uns selber
zu trösten.

Hilde Domin

Im November 2006 habe ich meine Mutter verloren. Sie starb nach kurzem Ringen an einer unheilbaren Krankheit. Ihr Schicksal, ihr Tod und der Abschied veränderten mein Leben. Wut, Trauer und Zuversicht vermischen und vereinen sich in mir.

Wut über das Versagen der modernen Medizin. Über ein Jahr lang hatten Ärzte meine Mutter auf einen Bandscheibenvorfall behandelt, während die Metastasen des Krebses ihre Knochen zerfraßen. Erst drei Monate vor ihrem Tod, im so genannten „Endstadium" der Krankheit, hat ein Arzt ihr Leiden identifizieren können: Gebärmutterhalskrebs. Als mir die Diagnose mitgeteilt wurde, war ich wütend. Wütend über dieses Schicksal, denn gerade diese Art von Krebs ist heilbar, wenn sie früh erkannt wird. Wütend über die Naivität einiger Ärzte, die meinen, daß Gebärmutterhalskrebs im Orient kaum verbreitet und deshalb ein Abstrich nicht notwendig ist, wie mir eine Freundin erklärt, die selbst Gynäkologin ist und sich von ihrem Wohnort in der Schweiz aus für die Früherkennung dieser Krankheit in Palästina engagiert. Eine Meinung, die nicht auf dem medizinischen Diskurs beruht, als viel mehr auf dem kulturellen Hintergrund basiert. Wütend aber auch über das fehlende Bewußtsein für Schmerztherapien bei unheilbaren Krankheiten Und gleichzeitig über die ökonomischen Grenzen zur Beschaffung der Medikamente. Als wir dem Arzt sagten, daß wir meine Mutter vom Spital nach Hause holen wollten, erwiderte er gleich, daß Morphin in diesem Fall nicht einsetzbar wäre. Ich hatte mich allerdings bereits bei unserer Freundin in der Schweiz erkundigt, die mir versicherte, daß es Morphinpflaster gebe, die auch zuhause eingesetzt werden können. Als ich den Arzt darauf ansprach, meinte er, daß diese so teuer sind – ein Päckchen mit drei Stück kostet etwa 100 Euro –, daß er ihren Einsatz nicht in Erwägung ziehe. Mein Bruder und ich haben uns für diese Pflaster entschieden. Gebraucht hat sie meine Mutter nur zwei Wochen. Mir ist bewußt, daß andere sich so eine Entscheidung gar nicht leisten können.

In den Tagen und Wochen am Krankenbett meiner Mutter verblaßte die Wut, und Trauer schlich sich ein. Trauer über den Verlust der Mutter, die mich und meinen Bruder als Witwe, als alleinerziehende Frau großgezogen hatte. Ihr Leben lang hatte sie gearbeitet, damit ihre Kinder eine Zukunft haben konnten. Unsere Bildung lag ihr am Herzen. Obwohl sie darunter litt, daß wir beide das Ausland als Studienort wählten, unterstützte sie uns letztlich dabei. Trauer über die Erkenntnis, daß ich von nun an niemandes Tochter mehr sein kann. Mit dem Tod meiner Mutter ist für mich persönlich ein Stück Palästina verloren gegangen. Irgendwie war sie für mich Palästina, ohne daß es mir bewußt war. Die Rückkehr nach Palästina war für mich immer eine Rückkehr in das Haus meiner Kindheit, in ihr Haus, das immer offen stand. Das Haus steht zwar noch offen, doch ein leeres Haus wirkt verschlossen, auch wenn es offen ist. Ein Gefühl, das mich bei meinem letzten Aufenthalt in Palästina stets begleitete.

Doch ich wäre nicht die Tochter meiner Mutter, würde ich bei der Wut und der Trauer stehen bleiben - eine Einsicht, die mir in den letzten Wochen des Lebens meiner Mutter bewußter wurde. Eigentlich dachten wir alle, die an ihrem Bett versammelt waren, daß wir sie trösten würden, doch sie war es, die uns bis zum Schluß getröstet hat. Es verging kein Tag voller Schmerzen, an dem sie nicht sagte: „Gott sei Dank, mir geht es gut." Sie wußte genau, daß sie sterben würde, und sie setzte auch ihr Testament auf. Dabei bedachte sie alle, auch die Frau, die ihr den Haushalt führte.

Als sie sich von allen verabschiedete, sagte sie, daß sie keine Klagelieder bei ihrem Begräbnis wolle, sondern Lieder der Hoffnung und der Zuversicht. Bei ihrem Begräbnis sangen wir hauptsächlich Weihnachts- und Auferstehungslieder, und zwar jene, die sie am meisten liebte und die mein Bruder und ich mit ihr in den letzten vier Wochen ihres Lebens jeden Abend am Bett sangen. Die versammelte Gemeinde war verwundert über die Auswahl der Lieder, einige fragten nach, während andere ihre Verwunderung mit sich nach Hause trugen.

Als ich nach Wien zurückkehrte, trug ich die Zuversicht und die Hoffnung meiner Mutter in mir, die mir täglich dabei helfen, den Abschied zu ertragen.

Die Flucht nach Vorne

„Wenn der Prophet nicht zum Berg geht, dann muß der Berg zum Propheten kommen." Diese Weisheit scheint sich in Palästina immer mehr zu bewahrheiten. Die aussichtlose Situation, vor allem was die wirtschaftliche Lage angeht und die beständig hohe Rate an Arbeitslosigkeit, machen erfinderisch. In den letzten Jahren hat sich ein Trend in Palästina, genauer gesagt, in der Region Bethlehem, verbreitet, wonach immer mehr Palästinenser sich zur Advents- und Weihnachtszeit auf den Weg in die weite Welt machen, um, wo es nur möglich ist, Olivenholz zu verkaufen. Es sind hauptsächlich Männer, die dann ihre Familien für mehrere Wochen verlassen, um ihren Lebensunterhalt und den ihrer Familien zu sichern; Akademiker, Arbeiter und Beamte quer durch alle Branchen.

Zum Christtag 2007 ist auch einer meiner Verwandten auf einem der Märkte Wiens mit einem Stand vertreten. Sechs Wochen lang, arbeitet er tagein, tagaus bei jedem Wetter, kein Einzelfall, wie er uns erzählt. Etwa 400 Männer sind in diesem Jahr alleine aus Beit Sahour in einer solchen Mission unterwegs, erzählt er uns. In Europa, den USA, in Lateinamerika, einfach überall. Ihre Familien lassen sie zurück, in der Hoffnung auf ein gutes Geschäft im Ausland, eine kreative Idee aus Not geboren.

Doch was macht dies mit den Familien, die in der Heimat zurückbleiben? Eine Freundin erzählte mir bei meinem letzten Palästinaaufenthalt, daß sie bis Ende 2007 in die USA auswandern werde. Sie klang traurig. Eigentlich will sie gar nicht weg, doch so weiter leben will sie auch nicht. Seit über sechs Jahren fährt ihr Mann nun, der mit dem Beginn der Intifada II seine Arbeit verlor, zweimal im Jahr in die USA, um Olivenholz zu verkaufen. Zuerst nur zu Weihnachten, dann auch zu Ostern. Inzwischen ist er im Durchschnitt ein Dreiviertel des Jahres im Ausland. Seine zwei Kinder sehen ihn nur noch bei den kurzen Rückkehraufenthalten in Palästina, ebenso seine Frau. Jetzt hat sie es satt, allein erziehende Mutter zu sein. „Dann wandern wir aus. Wenigstens sind wir dann zusammen", sagte sie mir. Die Auswanderung/Einwanderung funktioniert, weil beide Verwandte in den USA haben, und somit eine Familienzusammenführung beantragen können, aber was wird aus den anderen Familien? Ist der Nomadenvater die Alternative der Zukunft?

Auf der Suche

Vor kurzem bekamen wir Besuch von einem jungen Palästinenser, der in Israel lebt und die israelische Staatsangehörigkeit besitzt. Unser Besucher ist ein entfernter Verwandter von Marwan, ein junger, gut ausgebildeter, interessierter und engagierter Mann. Am ersten Tag fragten wir ihn, was er gerne von Wien sehen würde, weil wir dachten, daß dies das Ziel seines Besuches wäre. Seine Antwort ließ mich nicht los: „Gar nichts, ich bin gekommen, um Marwan kennen zu lernen und mit ihm zu sprechen." Sein Ziel war nicht Wien, sondern Marwan. Ein außergewöhnliches Ziel für eine Reise, vor allem dann, wenn der Grad der Verwandtschaft sehr weit ist. Ich würde diesen Grad der Verwandtschaft gerne aufzeigen, aber dies scheint mir eine unmögliche Aufgabe. Diese Tatsache hinderte den jungen Mann jedoch nicht daran, Marwan immer als Onkel anzusprechen, obwohl Marwan schon auf dem Weg vom Flughafen klarstellte, daß er lieber als Marwan angesprochen werden möchte.

Während seines Aufenthalts bei uns wird immer deutlicher, daß der junge Mann sich auf der Suche befindet. Auf der Suche nach seinem wahren „Ich", nach seiner Identität, seinen Visionen und Zielen. Wer bin ich als Palästinenser israelischer Staatsangehörigkeit? Was macht meine Identität aus? Wem gilt meine Loyalität, mein Engagement? Fragen über Fragen beschäftigten den jungen Besucher.

In den Gesprächen wird deutlich, daß nicht die Antworten fehlen, sondern vielmehr die Möglichkeiten im Umgang mit jenen Ambivalenzen, die ihm tagtäglich begegnen. Der junge Man lebt in Israel, doch im Grunde genommen ist er ein Flüchtling im eigenen Land. Das Dorf seiner Eltern, Kfur Biram, aus dem auch Marwans Eltern stammen, ist 1952 zerstört worden. Übrig blieben nur die Kirche des Dorfes und einige Wände von zerbombten Häusern. Aus dem Land, das zum Dorf gehört, ist ein Park geworden, wo sich heute junge Familien am Wochenende treffen. Zwar gibt es einen Gerichtsentscheid, der den Bewohner(inne)n des Dorfes das Recht zuerkennt, zurückzukehren, doch das Militär verweigert die Umsetzung mit dem Verweis auf die Gefährdung der nationalen Sicherheit.

Wie kann man sich mit einem Staat identifizieren, der die Vertreibung der eigenen Eltern verantwortet? Eine Ambivalenz, die tief in einem verwurzelt bleibt. Sich dafür einzusetzen, daß die Rückkehr ins Dorf eines Tages möglich wird, daß der Rechtsstaat nicht nur Theorie ist, sondern auch tatsächlich funktioniert, ist ein Einsatz gegen die herrschenden politischen Ideologien.

Der junge Mann weiß ganz genau, wo seine Einsatzmöglichkeiten liegen. Er kann Kfur Biram nicht wieder aus den Trümmern erstehen lassen. Aber die Geschichte dieses Dorfes lebendig erhalten, kann er sehr gut. Jeden Sommer organisiert er mit anderen Jugendlichen aus dem Dorf ein Sommerlager für die nun dritte und vierte Generation nach der Vertreibung. Den jungen Leuten wird die Geschichte des Dorfes erklärt, die Älteren erzählen vom Leben im Dorf und die jungen Leute werden ermutigt, die Häuser aufzusuchen, aus denen sie stammen. So weiß jedes Kind genau, wo das Haus der Familie liegt.

Während seines Besuches versuche ich zu eruieren, was er sich von der Begegnung mit Marwan erhofft. Ich wußte schon vor seiner Ankunft, daß er die Musik von Marwan sehr mag und einige Lieder auswendig beherrscht, doch es muß noch mehr hinter dem Besuch stecken. Obwohl er Marwan nie zuvor gesehen hat, betont er immer wieder, wie ähnlich sie sich seien – nur eine Projektion? Oder ein Wunsch, frage ich mich?

Irgendwann geht mir ein Licht auf. Unser Besucher sieht in Marwan einen Palästinenser aus dem gleichen Dorf, der trotz Exil, Vertreibung und der Tatsache, daß er niemals im Dorf seiner Eltern war, jemand ist, der sich seiner Identität bewußt ist. Die Begegnung mit Marwan scheint dem Gast eine Antwort auf den Umgang mit der Erfahrung von Ambivalenz zu verheißen. Ob die Begegnung dies geleistet hat, bleibt offen, denn die Herausforderung wird erst im eigenen Kontext deutlich werden.

40 Jahre Besatzung

Vierzig Jahre Besatzung. Ein merkwürdiger Gedenktag, der an den Beginn der israelischen Besatzung infolge des Sechs-Tage Krieges 1967 erinnert. Woran können wir an einem solchen Datum gedenken? Der Niederlage von damals, den katastrophalen Lebensbedingungen von heute oder gar der Aussichtslosigkeit von Morgen?

Vierzig Jahre sind vergangen seit dem Beginn der rechtswidrigen Besatzung in Palästina und die Welt schaut zu, wie sich die Besatzung immer mehr verfestigt. Die politischen Schikanen Israels übertreffen alle Erwartungen, Bantustanisierung Palästinas, Beschränkung der Bewegungsfreiheit auf ein Minimum, Bau der Trennmauer und vieles mehr… Zwei Generationen sind inzwischen unter Besatzung geboren und aufgewachsen, ihr Leben ist für immer von dieser Besatzung gekennzeichnet und die dritte Generation wird bald folgen. Ich gehöre der ersten Generation an, 1969 in Bethlehem geboren, zwei Jahre nach Beginn der Besatzung. Mein Leben war schon sehr früh von ihr betroffen bzw. gekennzeichnet. 38 Jahre später blicke ich auf die zweite Generation meines Volkes, die ebenfalls unter Besatzung geboren und aufgewachsen ist, und mir blutet das Herz. Nicht nur über die verlorene Kindheit und Jugend, die ich ebenfalls erlebte, sondern vielmehr wegen der verlorenen Perspektiven und Aussichten.

Es stimmt, ich bin unter Besatzung aufgewachsen, was mein Leben entscheidend geprägt hat, aber ich bin auch mit einem politischen Bewußtsein von Palästina, von palästinensischer Identität und Vision aufgewachsen. In einer Zeit, in der es uns verboten war sich politisch zu informieren, haben wir uns als Schüler bewußt Wissen angeeignet über Palästina, die PLO, die VN und vieles mehr. Gedichte rezitieren und politische Lieder singen waren für uns ein Akt des Widerstandes. Immer wieder ertappe ich mich heute noch beim Singen dieser Lieder. Ich kann mich noch sehr gut daran erinnern, wie wir am 15. November 1988 bei uns Zuhause – unter Ausgangssperre – in der Küche saßen und durch ein kleines Radio die Übertragung der Rede Arafats mit der Ausrufung des Staates Palästina aus Algier verfolgten.

Die Besatzung war spürbarer denn je, inmitten der Intifada I, doch auch unsere Sehnsüchte und Visionen waren größer denn je. Die Besatzung hatte unser Leben völlig unter Kontrolle, doch unsere Gedanken und unser Denken waren frei. Wir wußten, wofür wir uns einsetzen wollten, wer unsere politische Vertretung war, welche Ziele sie verfolgte, was Widerstand beinhaltete und wofür es sich lohnte zu leben. Unsere Eltern hatten uns den Auftrag gegeben, für Palästina zu leben, für Palästina zu arbeiten und für Palästina ausgebildet, kreativ und engagiert zu sein.

Blicke ich auf die junge Generation Palästinas heute wird mir klar, daß die Besatzung gesiegt hat, nicht wegen der andauernden Besatzung, denn jede Besatzung wird einmal enden, sondern vielmehr wegen des Verlustes der politischen Orientierung dieser Generation. Damals war unser Ziel das Ende der Besatzung, seit Oslo ist nicht mehr klar, was unser politisches Ziel ist. In vielen Reden palästinensischer Politiker geht es um ein Zurück vor den Juni

2007, also vor die Übernahme des Gazastreifens durch die Hamas, oder gar vor den September 2000, also vor den Beginn der Intifada II und die darauf folgenden politischen Restriktionen. Damals war die PLO unsere alleinige legitime Vertretung, sie gab Orientierung, heute ist die PLO eine gelähmte, entleerte Wirklichkeit, die sogar von einigen Palästinensern in Frage gestellt wird, nicht zuletzt von der Hamas.

Damals ging es um das Schicksal des palästinensischen Volkes als ganzes, heute geht es hauptsächlich um die Minderheit, die in den Besetzten Gebieten lebt. Damals zahlten junge Leute mit ihrem Leben dafür, daß die palästinensische Flagge gehißt wurde, im Juni wurde die palästinensische Flagge in Gaza von Palästinensern herunter gerissen und an ihrer Stelle eine Fraktionsflagge gehißt. Eine makabre Entwicklung unseres politischen Widerstandes. Vierzig Jahre Besatzung – woran also sollen wir als Palästinenser gedenken? Ich glaube, es ist an der Zeit sich frei zu machen. Frei zu machen davon, sich immer wieder an der Besatzung zu orientieren und sich durch sie zu unbedachten politischen Handlungen hinreißen zu lassen. Nach 40 Jahren Besatzung ist die Zeit gekommen der eigenen politischen Agenda zu gedenken. Was wollen wir Palästinenser? Ein Ende der Besatzung von 1967, ja, aber mit welchen Mitteln? Welches Ziel verfolgen wir, einen unabhängigen Palästina Staat, ja, aber wie soll dieser Staat aussehen, welche politischen Grundprinzipien sollen ihn leiten?

Bei diesem Gedenktag kommen mir die Worte von Ernst Bloch in den Sinn „Nur jenes Erinnern ist fruchtbar, das zugleich erinnert, was noch zu tun ist."

Eine Hommage an Arafat

Gewiß war Arafat eine international und national sehr umstrittene Figur. Als Vorsitzender des Zentralkomitees der PLO, als erster Präsident / ‚Raïs' Palästinas, Vater des Nationalen Befreiungskampfes, als Friedenspartner, als Friedensnobelpreisträger. Bei einer Annäherung an die Person Yasser Arafats geht es nicht darum, ob man ihn gemocht hat oder nicht, ob man mit seinem Führungsstil einverstanden war oder nicht. Auch geht es nicht darum, aus ihm eine Ikone werden zu lassen, sondern vielmehr darum, seinen Beitrag zur modernen Geschichte Palästinas zu würdigen, trotz aller Ambivalenzen. Seine politische Karriere ‚von einem weltweit gesuchten Terroristen hin zum Friedensnobelpreisträger, bleibt selten in der Moderne.

Seine Rede 1974 vor den Vereinten Nationen – mit der Pistole in der einen Hand und dem Olivenzweig in der anderen –, spiegelt bis heute die Ambivalenz der Wege des Widerstandkampfes in Palästina. Gleichwohl hatte Arafat es geschafft, das Palästinaproblem für über 40 Jahre auf der internationalen politischen Agenda zu halten.

Sein Schicksal – als Gefangener in seiner eigenen Residenz während der Intifada II, spiegelte nur zu gut die Verwobenheit seiner Person mit der Geschichte seines Volkes. Die Ursache seines Todes ist noch immer mit einem Schleier des Geheimnisses versehen

Im November 2007 jährte sich zum dritten Mal der Todestag von Arafat. Präsident Mahmoud Abbas eröffnete in

Ramallah die neue vorläufige Ruhestädte sowie ein Museum für den verstorbenen Präsidenten Palästinas. Ein architektonisches Monument voller Symbolik und Schönheit, ganz konträr zum Lebensstil des verstorbenen Präsidenten Palästinas, der ein eher einfaches Leben wählte und den Kaki-Anzug und die Kufiya immer bevorzugte.

In Gaza gehen Hunderttausende Menschen auf die Strasse, um des Vermächtnisses Arafats zu gedenken und für die nationale Einheit der Palästinenser zu demonstrieren. Die Kundgebung endet in einer Auseinander mit Hamasanhängern: Die Bilanz des Tages sind acht Tote und Hunderte Verletzte.

Ich verfolge die Nachrichten über den Satellitensender Palästinas. Was für ein Erwachen, eigentlich kaum zu verstehen. Denn Arafat ist nicht gestern gestorben, sondern vor drei Jahren. Drei Jahre lang hat die palästinensische Gesellschaft und die Fatah, Arafat kaum Achtung geschenkt. In der politischen Auseinandersetzung schien es, als hätte es diesen Mann nie gegeben. Abgesehen von ein paar alten Bildern, die noch hier oder dort hingen, schien es, als hätte Palästina Arafat überlebt. Heute eifern Dichter, Liedermacher und andere darum, Lobeshymnen auf den Verstorbenen zu reimen. Ununterbrochen, kommen alte Bilder vom Leben Arafats im palästinensischen Fernsehen, mit Musik und Lyrik umrahmt - einfach unglaublich.

Jetzt, in einer Zeit der Krise, erinnern sie sich auf einmal an Arafat. Jetzt, wo die Risse in der palästinensischen Gesellschaft so weit gehen, daß Gaza und die West Bank getrennt sind, erscheint die vereinende Funktion Arafats einen politischen Gewinn zu versprechen. Und wahrlich so. Mit der Größe der Demonstration in Gaza hatte niemand gerechnet, nicht einmal Fatah oder die anderen politischen Parteien, die ebenfalls dazu aufriefen. Der verstorbene Arafat konnte viel mehr Menschen mobilisieren, als die machthabenden Politiker Palästinas heute. Und darum wird seine Symbolfigur wieder auferweckt, denn, wie sagt ein arabisches Sprichwort: „In der dunklen Nacht wird der Mond vermißt"!

Jetzt wo Fatah der Boden unter den Füßen entzogen worden ist, soll die Vaterfigur aus dem Schlammassel helfen. Anstelle eines politischen, programmatischen Neubeginns wird nur auf der Bühne das alte Stück ‚Politische Sentimentalität' gegeben.

Eine Nation, die ihre eigenen Widerstandskämpfer nicht würdigt, verliert die politische Orientierung. Doch eine Würdigung, aus der politisches Kapital geschlagen wird, verfehlt die Lehre aus der Geschichte.

Eine Innensicht von außen
Geschichten

Medizinische Diagnose!

Eigentlich verlief meine Schwangerschaft ohne große Probleme bis zum siebten Monat. Dann begann ich einige Schwierigkeiten zu haben. Leider konnte mein Arzt die Ursache nicht gleich finden. Zuerst hat er auf Galle getippt, dann auf Nieren usw. Doch die Beschwerden wurden nicht besser. Im Krankenhaus wurde schließlich die Diagnose gestellt, ich hätte mir eine Rippe gebrochen. Da sie mich röntgen wollten, ich aber wegen der Schwangerschaft dagegen war, bin ich auf eigene Verantwortung nach Hause gegangen. Ich mußte allerdings am nächsten Tag ein Gutachten eines Orthopäden einholen. Also bemühte ich mich um solches. Ich habe den nächst liegenden Orthopäden aufgesucht und ihm meine Situation geschildert.

Nach einer kurzen Untersuchung meint er, daß die Diagnose des Krankenhauses stimme und ich zu 95 % eine gebrochene Rippe habe. Ich war völlig fertig und verwundert. Also fragte ich den Arzt nach der möglichen Ursache einer solchen gebrochenen Rippe. „Hatten Sie in der letzten Zeit Streit mit Ihrem Ehemann?" fragte er mich ganz unschuldig. „Nein, und wenn, dann wäre mein Mann mit der gebrochenen Rippe zu Ihnen gekommen", antwortete ich, was den Arzt zum Staunen brachte. Zum Glück reichen meine Sprachkenntnisse für eine schnelle Reaktion. Beim Verlassen der Praxis mußte ich darüber nachdenken, ob der Arzt die gleiche Ursache bei einer Österreicherin, Verzeihung, ich meine, eine eingeborene Österreicherin, vermutet hätte? Oder haben etwa meine dunkle Haut und Haare seine medizinische Diagnose beeinflußt? Ich fühle mich an einen Mediziner in Deutschland erinnert, der mein damaliges Schilddrüsenproblem übersah, weil er der festen Überzeugung war, daß meine Beschwerden typische Symptome für psychosomatische Erkrankungen bei Migrantinnen sind.

Die Diagnose des Orthopäden, wie die davor, hat sich als falsch erwiesen. Viele andere folgten darauf, die sich ebenso als falsch erwiesen haben. Die richtige Diagnose stellte schließlich ein Freund von mir aus Deutschland, übrigens ein Kinderarzt, und zwar per Telephon.

Titelei

Ich liege im Kreißsaal eines Wiener Krankenhauses in Erwartung meines ersten Kindes. Die ganze Nacht schon habe ich mit kommenden und gehenden Wehen verbracht, meine Nerven sind am Ende. Nach zwölf Stunden entscheide ich mich schließlich für eine epidurale Anästhesie. Ein Routineakt für die Ärzte. Alles wird vorbereitet, nach einiger Zeit kommt eine Anästhesieärztin ins Zimmer, die mir die Spritze verabreichen soll. Der Eingriff als solcher ist ganz harmlos und einfach. Schlimm dagegen scheint mir mein akademischer Titel zu sein.

Bis zu diesem Zeitpunkt wußte ich nicht wirklich, was es heißt, einen akademischen Titel in Österreich zu tragen, meine Erfahrungen in Deutschland waren auch nicht zwingend hilfreich auf diesem Gebiet.

Auf den Unterlagen des Krankenhauses stand mein akademischer Titel. Also sprach mich die Ärztin, wie auch das gesamte Team, mit meinem Titel an, so wie es sich gehört. Eigentlich nichts Schlimmes. Doch wenn jeder Satz mit diesem Titel beginnt, und es waren wirklich viele Sätze, dann klingt es nach einiger Zeit wie ein Ohrwurm, der in meinem psychischen Zustand letztendlich nicht wirklich half. Frau Magistra, bitte setzen sie sich aufrecht. Frau Magistra, bitte halten sie still. Frau Magistra, bitte tief einatmen. Frau Magistra….. usw.

Im Delirium der Entbindung treibt mich der immer wiederkehrende Titel zum Wahnsinn. Irgendwann verliere ich die Geduld. Ich sage zu meinem Mann, er möge der Ärztin sagen, mit diesen Titeln aufzuhören, sonst würde ich noch verrückt werden. Genutzt hat es wenig, ohne Titel geht es halt hierzulande nicht!

Gespräche

Kürzlich war ich mit einer Freundin in einem Wiener Lokal verabredet. Nachdem wir etwas bestellt hatten, kam der Kellner mit den Getränken zurück. Dann blickte er mich an und sagte: „Darf ich fragen woher Sie kommen?" „Aus Palästina" erwiderte ich. „Habe ich mir gedacht" sagte er mir und fuhr fort „Ich habe mir Ihr Gesicht angeschaut, von der anderen Seite können Sie nicht sein, aber in die Region habe ich Sie schon eingeordnet." Na, super denke ich, wie Außenstehende immer meinen, uns Palästinenser von Israelis vom Aussehen her auseinander halten können, ich könnte es nicht immer! „Darf ich noch etwas fragen?", ergänzte der Mann. „Ja, bitte." - hätte ich überhaupt eine andere Wahl gehabt? „Also, was meinen Sie zu der Situation. Ich meine, diese ständigen Auseinandersetzungen, dieser Haß…." Ich wollte gerade etwas sagen, aber der Mann ließ mir keine Chance. Er redete und redete, erklärte mir den Konflikt, die Ursachen, die Möglichkeiten für eine Veränderung und vieles mehr. Ich dagegen habe einfach zugehört, manchmal mit dem Kopf genickt, manchmal den Mann einfach nur angeschaut, oder meine Freundin. Ich weiß nicht mehr, wie lange seine politische Analyse gedauert hat, aber sicher viel zu lange. Denn irgendwann sagte er schließlich „Jetzt werde ich Ihr Essen holen, Sie haben bestimmt Hunger!"

Als wir dann endlich unter uns waren, fragte mich meine Freundin, wieso ich nichts gesagt habe. „Weißt Du, seine Frage war eine Hypothetische. Er hat keine Antwort gesucht, sondern wollte uns lediglich seine Analyse mitteilen. Nach jahrelangem Engagement bin ich des Gesprächs müde geworden. Immer wieder aufs Neue die Situation erklären zu müssen, immer wieder aufs Neue sich von Außenstehenden die Situation erklären zu lassen. Eigentlich faszinierend! Denn wie oft haben mir Menschen in Europa, insbesondere im deutschsprachigen Raum, die einmal mit einer Pilger- oder Studienreise, oder was auch immer im Land waren, erklären wollen, wie ich den israelisch-palästinensischen Konflikt besser verstehen kann."

Beim oben erwähnten Kellner hatte ich noch Nachsicht, denn wie oft trifft er auf eine Palästinenserin, mit der er seine Analyse des Konfliktes austauschen kann. Viel weniger verstehe ich es, bei Vorträgen und Veranstaltungen rund um Palästina, bei dem in der Diskussion oft das im Zentrum steht, was nicht zum angesprochenen Thema gehört. Wie sagte kürzlich ein Zuhörer bei einer Veranstaltung, der eigentlich eine Frage stellen wollte: „Was ich bei Ihrem Vortrag vermißt habe…" und dann hielt er einen zweiten Vortrag. Daß er nur einmal im Lande war, und zwar nur auf der israelischen Seite, hinderte ihn daran nicht.

Auftrag Mission

Wir wohnen im 7. Wiener Bezirk. Das Haus, in dem wir wohnen, gehört zum Einzugsgebiet einer katholischen Kirchgemeinde. Alle paar Monate kommt ein Mitglied dieser Gemeinde vorbei und bringt den Gemeindebrief. Inzwischen wohnen wir seit mehr als fünf Jahren in dieser Wohnung. Immer wieder, wenn er an unsere Tür klopft, ist er unsicher, ob er mir den Gemeindebrief geben soll oder nicht. Doch immer wieder entscheidet er sich dafür, vielleicht auch wegen meiner warmen Begrüßung. Letzten Advent klopft er erneut an die Tür. Ich öffne, begrüße den Mann und nehme den Brief entgegen.

Er ist schon am Weggehen, als er mir in einer völlig entschuldigenden Art und Weise sagt: „Ich wünsche Ihnen alles Gute, Sie haben doch jetzt auch ein Fest so wie Weihnachten" Gedacht hat der Mann anscheinend an Ramadan, der letztes Jahr zeitlich im Advent lag. Anscheinend haben ihn mein Aussehen und mein arabisch Reden mit Mann und Sohn zu der Schlußfolgerung kommen lassen, daß ich Muslima sein müsse. „Auch ich wünsche Ihnen ein gesegnetes Weihnachtsfest" sage ich dem Mann, der bei meiner Wortwahl wieder ein Stück zurückgeht, mich erstaunt anschaut und dann völlig durcheinander zu mir sagt: „Ja, ja, das wollte ich Ihnen eigentlich auch wünschen". Eigentlich verständlich, denn der Mann kennt mich nicht, weiß nicht wer ich bin, woher ich komme, was meine Religionszugehörigkeit ist. Der Fremde, das Unbekannte scheint bei ihm allerdings festgelegt zu sein.

Doch meine christliche Identität hat schon immer Leute zum Erstaunen gebracht, da die wenigsten wissen, daß es uns, christliche Palästinenser bzw. arabische Christen gibt. Bei einem meiner Vorträge während des letzten Advents in einer christlichen Gemeinde in Österreich, wo die Frauengruppe der Pfarre mich eingeladen hatte, über Bethlehem zu sprechen, begegnete ich dem Pfarrer der Gemeinde kurz vor Beginn des Vortrages. Er begrüßte mich sehr herzlich, freute sich über meine Bereitschaft den Vortrag zu halten und fragte dann im gleichen Atemzug: „Was ich Sie fragen wollte ist, waren Sie eigentlich Christin, bevor Sie unserer Kollegin von der Frauengruppe begegnet sind?"

Da hat es mir fast die Sprache verschlagen: Daß die einfachen Menschen von unserer Existenz nichts wissen ist erschreckend, aber daß Pfarrer und Theologen es nicht wissen, ist ein Skandal. Immerhin sollten sie sich während ihrer Ausbildung mit der Ursprungsregion des Christentums befaßt haben, und diese war wahrlich nicht Europa!

Integration

Als ich meine unbefristete Aufenthaltserlaubnis für Österreich beantragen wollte, gab es neue Bestimmungen für obligatorische Sprachkurse, ein sinnvoller Schritt hin zu besseren Integrationsmöglichkeiten von Migrant(inn)en. Im Amt habe ich meine Papiere ausgefüllt und wollte meinen Antrag einreichen, nur eine Sache war mir unklar. Am Ende des Antrags muß der Antragsteller eine Verpflichtung unterschreiben, zu gegebener Zeit die deutsche Sprache zu erlernen.

Aber Deutsch brauche ich eigentlich nicht mehr zu lernen, da ich die Sprache ja spreche. Also, frage ich die Dame zur Sicherheit, ob ich dieses Dokument wirklich unterschreiben muß, da ich Deutsch spreche und einen akademischen Abschluß an einer deutschen Universität erlangt habe.

Die Dame schaut sich meine Papiere an, dann lächelt sie mich an und antwortet: „Nein, diesen Abschnitt brauchen Sie nicht". „Super", sage ich, die ‚Frau Magistra' hat also doch etwas positives an sich." Die Dame schaut mich erneut an und ergänzt: „Nein, nein, nicht ihr Titel ist der Grund dafür, sondern die Tatsache, daß sie mit einem Österreicher verheiratet sind."

Na, super. Und ich dachte, die Sprachkurse seien dazu da, sich in der Gesellschaft zu recht zu finden.

Psychisches Wohlbefinden

Ranad war damals drei Monate alt, als Marwan eine Lesung des libanesischen Schriftstellers Amin Maalouf musikalisch begleitete. Ich wollte mir die Lesung anhören. Mit dem kleinen Ranad im Kinderwagen, betrat ich das Theater. Erstaunte Blicke begleiten mich durch den Gang, so als hätte ich mich verirrt. Der Portier empfängt mich freundlich und erkundigt sich nach meiner Absicht. „Oh, sie wollen sich die Lesung anhören. Dann ist es am besten, wenn Sie ihr Kind in der Garderobe wegsperren würden, ich öffne Ihnen die Tür." Erstaunt und verblüfft schaue ich ihn an. „Nein, nein danke ist nicht nötig." Verunsichert, was er nun mir empfehlen soll, führt er mich zu einem Sitz nahe einer Tür. „Wenn etwas sein sollte, kommen Sie so schnell heraus." Den Kinderwagen mußte ich draußen lassen.

Die Lesung begann. Ranad hat tief und fest geschlafen. Kein Ton, kein Geräusch kam von ihm, außer seinem Ein- und Ausatmen. Doch der Anblick eines schlafenden Kindes und das Geräusch seines Atmens hatten einige im Publikum gestört. Immer wieder schauten sie mich mit kritischen Blicken an. Also verließ ich schließlich den Saal und begab mich auf der Gang, von dem aus ich die Lesung weiter hören konnte, ohne jemanden zu stören. Der kleine Ranad schlief weiterhin tief und fest, ohne mitzubekommen, was seine Anwesenheit für Unruhe verursacht hatte.

Eine Schauspielerin, die im Theater arbeitet, folgte mir. „Entschuldigung, aber ich wollte Ihnen meine Garderobe anbieten, damit Sie das Kind wegsperren können und sich in Ruhe die Lesung weiter anhören können", sagte sie mir mit freundlicher Stimme. Ich dachte, was haben die Menschen alle mit diesem „Wegsperren", ein Wort, das ich an dem Tag zum ersten Mal in einem solchen Zusammenhang hörte. „Aber dann kann ich ihn gar nicht hören, wenn er aufwacht oder weint", erwiderte ich. „Genau, das ist der Sinn der Sache", meinte sie lächelnd. Ich bedankte mich herzlich bei der Dame für ihre Fürsorge und sagte ihr, daß es mir lieber wäre, mit dem Kleinen an die frische Luft zu gehen, um niemanden mehr zu stören oder zu beunruhigen.

Ich verließ das Theater und ging mit dem Kleinen, der immer noch tief schlief an die frische Luft. Beim Spazierengehen, fiel mir ein Erlebnis wieder ein. Damals hatten wir eine Feier mit Mittagessen in einem Restaurant und hatten Freunde eingeladen. Eine Bekannte von uns kam mit ihrem Hund ins Lokal. Bei der Begrüßung meinte sie, sie könne den Hund nicht einfach für zwei Stunden im Auto lassen, denn so etwas sei nicht gut für sein Wohlbefinden und für seine Psyche!

Psychologische Beurteilung

Es ist später Nachmittag. Ich liege in einem Krankenzimmer eines Wiener Spitals nach einer Operation. An meinem Bett hängt ein Schild, das den Operationstag festhält Neben mir liegt eine türkische Frau mittleren Alters, die noch auf ihre OP wartet. Ein Mitarbeiter des Krankenhauses betritt das Zimmer.

Zuerst spricht er meine Nachbarin an. Er sei vom psychologischen Dienst des Krankenhauses. Er besucht die Patientinnen auf der neurochirurgischen Abteilung und biete ihnen einen Gutschein für ein psychologisches bzw. ein psycho-therapeutisches Gespräch an. Meine Nachbarin kann mit den Informationen und dem Zettel wenig anfangen. Sie bittet ihn herzlich darum, ihr den Gutschein da zu lassen. Morgen will sie die Sache mit ihrer Tochter besprechen.

Als nächste Patientin bin ich an der Reihe. Der Psychologe schaut sich das Schild an meinem Bett an und fragt höflich, wie es mir nun nach der OP gehe. Ich bedanke mich für die Nachfrage und erwidere, daß es mir besser geht. Auch ich erhalte einen Gutschein und die Einladung zu einem kostenlosen psychologischen Gespräch. Ich kann mich nach der OP noch sehr wenig bewegen, weshalb ich ihn bitte die Unterlagen für mich auf dem Nachtkasten liegen zu lassen. Dort liegen auch meine Bücher, die ich als Lektüre mit ins Spital genommen habe.

Der Mann legt die Unterlagen auf den Nachtkasten, wünscht mir alles Gute und will das Zimmer verlassen, als er erneut zum Nachtkasten blickt. Mit großen Augen schaut er mich dann anschließend an und fragt: „Sie lesen Ingeborg Bachmann?" Unter meiner Lektüre Bücher befand sich der Band „Ingeborg Bachmann – Gesammelte Werke". Erstaunt über das Interesse des Psychologen an meiner Lektüre antworte ich mit ja, und füge die Frage hinzu, ob daran etwas außergewöhnlich sei? „Nein, überhaupt nicht", erwidert mein Besucher und fügt hinzu „nun, es scheint mit Ihnen alles in Ordnung zu sein", und er verabschiedet sich und geht.

Bei mir scheint alles in Ordnung zu sein… Was für eine wunderbare Feststellung, vor allem, wenn sie von einem Psychologen kommt. Und ich dachte, eine psychologische Begutachtung braucht ein längeres Gespräch. Doch es scheint, daß die Lektüre eines Menschen seinen psychischen Zustand reflektiert. Kein Wunder, denn Ingeborg Bachmann ist keine leichte Lektüre, vor allem nicht für Ausländer. Ich werde es mir merken.

Verwirrung

Wie bereits erwähnt, ist meine Bettnachbarin eine Türkin.

Schon als ich zur Tür hinein kam und das Zimmer bezog, fragte sie mich nach meiner Herkunft. Mein Aussehen deutet auf mediterrane Wurzeln hin. Ich sei aus Palästina erklärte ich. Einer Palästinenserin ist die Dame vorher noch nicht persönlich begegnet.

Als ich nach der OP aufgewacht und einigermaßen reden konnte, meinte meine Nachbarin, daß die Liebe zwischen meinem Freund und mir sehr deutlich zu erkennen sei. Mein Freund? Oh, die Dame mußte meinen Mann meinen, denn ein anderer Mann hatte mich noch nicht besucht. Die Information macht meine Nachbarin nachdenklicher. Verliebte Ehepaare scheinen ihr nicht oft über den Weg zu laufen.

Am Tag nach der OP besucht mich mein Bruder, der evangelischer Pastor ist. Bei seinem Besuch beten wir gemeinsam auf Arabisch. Mein Bruder segnete mich ebenfalls auf Arabisch. Beim Abendessen fragt mich meine Nachbarin, was ich mit dem Mann an meinem Bett gesprochen hätte. Ich erkläre ihr, daß der Mann mein Bruder sei und ein Gebet für mich gesprochen habe. Die Nachbarin hatte es wohl geahnt, was sie verwirte, war die Tatsache, daß das arabische Gebet nicht aus dem Koran stammte. Richtig, wir sind Christen. Die Antwort verwirrt meine Nachbarin weiter. Von christlichen Palästinensern hatte sie noch nie etwas gehört. Ich erkläre, daß wir eine Minderheit im palästinensischen Volk sind, doch daß es uns seit langem gibt, eigentlich seit bald 2000 Jahren. Meine Versuchserklärung verwirrt meine Nachbarin nur noch mehr.

Am folgenden Tag kommen die Nichten meines Mannes zu Besuch. Nachdem sie sich verabschiedet haben, erkundigt sich meine Nachbarin nach dem Besuch. Ich erkläre ihr die Verwandtschaftsverhältnisse. Irgend etwas scheint ihr nicht ganz zu passen, erkenne ich an ihren Gesichtszügen. Aber, warum habt ihr auf Deutsch gesprochen, fragt meine Nachbarin? Nun ja, die beiden Nichten entstammen einer bi-kulturellen Familie, die Mutter ist Österreicherin, der Vater Palästinenser. Ihre Muttersprache ist Deutsch. Sie verstehen zwar Arabisch, aber für ein Gespräch ist es nicht ausreichend. Ein erneuter Versuch, der fehl schlägt. Meine Erklärung leuchtet meiner Nachbarin überhaupt nicht ein.

Sie scheint genug zu haben, meine familiären Verhältnisse sind für sie so verwirrend, daß sie sich dem ganzen entzieht. Und ich dachte immer, es sei nur für Österreicher schwer, meine vielfältigen Identitäten zu durchschauen. Ich muß mich sehr geirrt haben!

Sprachverwirrung

Als ich mich entschied nach Österreich zu kommen, wußte ich, daß ich wenigstens die Sprache des Landes beherrsche. Es wäre für mich undenkbar in einem Land zu leben, dessen Sprache ich nicht kann. Damals kannte ich den Satz nicht, der besagt: „Was Deutsche und Österreicher trennt, ist die gemeinsame Sprache". Doch ich habe nicht lange gebraucht es herauszufinden. Immer, wenn ich in den ersten Monaten „deutsche" Begriffe verwendete, schauten mich die Leute komisch an.

„Guck mal" war so ein Wort, das viele zum Lachen brachte. Hierzulande ‚guckt' man nicht, sondern es wird geschaut. Ähnlich erging es mir, wenn ich sagte, daß ich lieber nach Hause ‚laufen' wollte. „Wieso hast du es so eilig" fragten mich meine Begleiter dann prompt.

Längere Zeit habe ich auch gebraucht, den Einkauf mit den korrekten Worten zu erledigen, und nicht nur die richtige Gewichteinheit – nämlich ‚dag' (Dekagramm = 10g) und ja nicht ‚Gramm' –, sondern auch die richtige Bezeichnung für die Lebensmittel zu benutzen, etwa ‚Obers' statt ‚Schlagsahne', ‚Melanzani' statt ‚Aubergine/Eierfrucht', ‚Erdäpfel' statt ‚Kartoffeln', ‚Topfen' statt ‚Quark', ein Wort, das viele zum Lachen bringt, daher eines der ersten, die ich aufgegeben habe. Es würde etwas länger dauern, die Liste zu vervollständigen. Übrigens geht es hier nicht um das reine Verständnis, sondern – wie es mir scheint – vielmehr um die ‚richtige' Haltung. Die „deutschen" Begriffe zu verwenden, vermittelt eine gewisse Überheblichkeit, die nicht gerade positiv aufgenommen wird.

In der Zwischenzeit habe ich meine Alltagssprache angepaßt. Die Sprachverwirrung schien überwunden, bis ich kürzlich mit meinem Sohn nach Deutschland ging. Schon am ersten Tag merkte ich, daß Ranad nun eine ähnliche Erfahrung machte, wenn auch umgekehrt. Unsere Bekannte wollte mit uns einen Spaziergang machen. Auf der Straße sagte sie dann zu Ranad: „Jetzt laufen wir zum Spielplatz." Ranad hielt kurz an, nahm einen langen Atem, fing an zu zählen und rannte bei drei. Woher sollte er auch wissen, daß hierzulande laufen nicht gleich Laufen bedeutet.

In den darauf folgenden Tagen gab es immer mehr Situationen, in denen diese Sprachverwirrung zu spüren war, einmal war Ranad überfordert, als er um eine 'Tüte, gebeten wurde, „Mama, was will sie?" Ein anderes Mal waren unsere Freunde verwundert, etwa wenn er nach dem „Mistkübel" fragte. „Was sucht er?".

In Deutschland fiel Ranad auf, weil er „wienerisch" spricht, In Wien falle ich auf mit meinem „deutsch" Deutsch. Wie sagte kürzlich ein Bekannter zu mir: „Eine Palästinenserin, die „deutsch" Deutsch spricht, als völlig integriert zu betrachten, wird für uns Wiener noch ein wenig brauchen". Was sagte mir noch eine Bekannte am Anfang meines Lebens in Wien: „Viola, wenn Du auf Wien mit deiner deutschen Sozialisation zugehst, wirst Du es schwer haben, gehst Du sie mit deiner orientalischen Sozialisation an, wird es viel leichter gehen". Sie hatte recht, nicht nur was die Sprache angeht.

Theologische Reflektionen

Dialog des Lebens

Das Leben bzw. Zusammenleben in einem multi-religiösen Kontext wird immer wieder neu thematisiert, nicht zuletzt dann, wenn große Probleme entstehen, die zur Befestigung von Vorurteilen führen, so auch in unserer Zeit.

Seit dem 11. September 2001 werden die Vorurteile und Aggressionen im Westen, insbesondere gegenüber dem Islam, immer spürbarer. Der Islam wird als eine statische Größe angesehen, die Gewalt und Intoleranz fördert. Gleichzeitig nimmt interessanterweise fast parallel dazu, die Bemühung um Verständnis und Annäherung zu. Überall werden Veranstaltungen zum Thema Islam angeboten. Islam und der Dialog der Religionen werden zum modischen Trend, und die Nachfrage steigt. Zahlreiche Experten melden sich zu Wort, die sich des Themas und der Diskussion gewachsen fühlen. Ob das Verständnis deshalb größer wird, bzw. ob die Beziehungen dadurch weniger problematisch werden, sei dahingestellt. Mir scheint der Kontext, in dem dies geschieht, künstlich zu sein, ein Kontext, der wenig Raum für eine wirkliche Auseinandersetzung mit dem Anderen schafft.

Ich komme aus einem Land, in dem Christentum und Islam seit mehr als 14 Jahrhunderten neben- und miteinander existieren. Der Islam als Religion gehörte genauso zu meiner Welt wie andere christliche Konfessionen. Meine Nachbarn waren zum Teil Muslime, zum Teil Christen, meine Schulkameraden ebenso, und das gleiche galt für meine Freunde. Der Ruf des Muezzins ist mir genauso vertraut wie das Läuten der Kirchenglocken. Die muslimischen Feiertage sind mir genauso bekannt wie die christlichen. Ich könnte sagen, ich bin in einem Land zur Welt gekommen, wo ich eine sehr eigenartige Identität habe entwickeln können. In meiner Identität vereine ich den christlichen Glauben und die arabische Kultur. Eine Mischung, die für einige das Unmögliche miteinander vereint, für mich allerdings das vereint, was zusammengehört. Für manche ist diese Mischung eine Gefahr, für mich persönlich eine Chance. Was nicht sofort bedeutet, daß alles in Ordnung ist und es deshalb weniger Probleme gibt.

Was mich bei den verschiedenen Diskussionen und Beiträgen zum Thema Christentum und Islam immer wieder ärgert, ist, daß wir diese Beziehungen dem Leben entziehen und sie einfach statisch betrachten. Für die einen sind diese Beziehungen überhaupt nur gut und positiv – so wie das Leben in den Flitterwochen. Jeder macht dem anderen ein Kompliment, Probleme tauchen gar nicht auf und es ist einfach alles wunderbar. Für die anderen sind die Beziehungen einfach der reine Wahnsinn, nichts scheint zu funktionieren. Vorurteile und Differenzen scheinen unüberbrückbar. Kurz zusammengefaßt: Eine gescheiterte Beziehung.

Mein Leben und meine Sozialisation in Palästina haben mir allerdings einen völlig anderen Zugang ermöglicht. Einen, der weit lebendiger ist, der sich nicht auf etwas Statisches reduzieren läßt. Ich pflege daher die christlich-muslimischen Beziehungen als das Leben nach den Flitterwochen zu bezeichnen, die wenig mit Romanze zu tun haben, sondern vielmehr mit dem realen Leben mit all seinen Höhen und Tiefen. Dabei liegt mir sehr viel daran, diese Beziehungen wieder in den Bereich der normalen zwischenmenschlichen Beziehungen zu bringen. Es gibt schöne und schwierige Momente in diesen Beziehungen, es gibt Probleme, aber auch Erfolge. Es kommt lediglich darauf an, die Dinge beim Namen zu nennen und ihnen wieder ihre Lebendigkeit zuzugestehen.

Was ich an meiner Erziehung und meiner Sozialisation so schätze, ist der Reichtum an positiven Erfahrungen, die ich persönlich habe machen dürfen und die mir in meinem Leben stets den Zugang zu anderen öffneten. Erfahrungen, die die menschlichen Möglichkeiten nicht überschreiten und daher einen konkreten Sitz im Alltagsleben haben.

Ein paar dieser Erfahrungen scheinen es mir wert, geteilt zu werden:

1.　Nach meiner Rückkehr aus Deutschland habe ich ein Jahr lang einer Abiturklasse christlichen Religionsunterricht erteilt. Da christliche Religion im Abitur bis dahin kein Pflichtfach war, gab es dafür keinen einheitlichen Lehrplan. Seit der Etablierung des ersten palästinensischen Erziehungsministeriums, wurde daran gearbeitet, einen einheitlichen ökumenischen Lehrplan zu entwikkeln, der von allen christlichen Konfessionen des Landes anerkannt wird. Pater Rafiq Khoury und ich habe jahrelang gemeinsam als Mitglieder des National Komitees für den christlichen Religionsunterricht gearbeitet. Die verwendeten Lehrpläne waren oft hoch theologisch und für die Schüler viel zu abstrakt. Ich entschied mich deshalb dafür, das Thema Christen in Palästina zu behandeln. Ich dachte, wann, wenn nicht jetzt, ist die Zeit reif, sich über die eigene Identität Gedanken zu machen.

Ein Teilbereich des Themas waren die christlich-muslimischen Beziehungen. Die Schule war evangelisch-lutherisch. Die Schülerinnen und Schüler kamen aus vielen christlichen Konfessionen und nahmen am gemeinsamen ökumenischen, christlichen Religionsunterricht teil, während ihre muslimischen Mitschüler parallel islamischen Religionsunterricht hatten. An einem Tag brachte ich den Schülern zwei Gedichte in den Unterricht mit, eines von einem katholischen Theologen und Priester und ein zweites von einem muslimischen Dichter. Ein Gedicht über eine Freundschaft mit Mohammed und einen Dialog mit dem gekreuzigten Jesus. Nachdem ich den Schülern die zwei Gedichte gegeben hatte, bat ich sie, sich darüber Gedanken zu machen, wer der Verfasser des jeweiligen Textes sein könnte. Für die Mehrheit der Schüler lag die Antwort auf der Hand. Der Dialog mit dem Gekreuzigten ist sehr theologisch, religiös, fromm und spirituell, so daß er sicherlich von einem Christen stammen mußte, wahrscheinlich von einem Theologen oder Priester. Als ich im Anschluß an die Diskussion die jeweiligen Verfasser bekannt gab und klar wurde, daß das Gedicht mit dem Gekreuzigten von einem Muslim stammt, war die ganz Klasse überrascht. Später wollten die Schüler die zwei Gedichte mit ihren muslimischen Mitschülern erneut diskutieren. Das Wichtigste für die Schüler war die Erkenntnis, daß festgefahrene Sichtweisen notwendigerweise immer wieder hinterfragt werden müssen.

2. Bei den Vorbereitungen für den Jubiläumsbesuch Johannes Pauls II. p.p. in Bethlehem im März 2000 hatten wir alle kleinen Details mehrmals studiert. Alle Programmpunkte waren auf die Minute hin kalkuliert, insbesondere die Messe auf dem Krippenplatz vor der Geburtskirche. Ich war damals die Pressesprecherin für den Papst Besuch auf palästinensischer Seite. Im Vorfeld haben wir viele Fragen beantworten müssen, wie wohl die Muslime den Besuch ansehen und ob es für sie überhaupt etwas bedeutet. Als ich am Tag des Besuches merkte, daß das Programm ein wenig vom Zeitablauf abwich, wurde ich immer nervöser. Der Grund dafür lag darin, daß wir die Messe so plaziert hatten, daß sie vor dem Beginn des Mittagsgebets für die Muslime an der Umar-Moschee direkt am Krippenplatz enden sollte. Die Gebetszeiten im Islam sind, anders als im Christentum, fest geregelt und können nicht einfach verändert werden.

Als die Messe begann, waren wir schon ein gutes Stück verspätet. Als der Papst dann seine Predigt begann und ich auf meine Uhr blickte, brach mir der Schweiß aus. Der Muezzin würde in Kürze zum Gebet rufen müssen, und dies mitten in der Predigt. Was für eine Katastrophe! Eine Gelegenheit für die Journalisten, darüber zu berichten, wie intolerant der Islam ist und wie wenig Respekt gegenüber der Messe gezeigt wird. Die Predigt schien mir unendlich zu dauern, ein Gefühl, daß sich durch mein ständiges Auf-die-Uhr-Blicken verstärkte.

Doch der Ruf des Muezzin kam und kam nicht, und ich wurde langsam ungeduldig, denn ich wußte, daß es Zeit war. Dann hörte ich das Amen des Papstes und wußte, daß ich wieder normal atmen konnte. Im gleichen Moment ertönte der Ruf des Muezzin zum Gebet. Eine unglaubliche Vereinigung zweier Gebete. Patriarch Michael Sabbah, der im Anschluß an den Ruf die Messe fortsetzte, begann mit den folgenden Worten:

"Der Papst endete seine Predigt mit den Worten: Der Friede sei mit euch. Ein Ruf, den unsere muslimischen Geschwister in ihrem Aufruf zum Gebet erwidert haben."

Was die Besucher(innen) und die Journalisten nicht wirklich verstanden haben. Diejenigen von uns, die sich mit dem Islam gut auskennen, wußten, daß der Muezzin den Gebetsruf ein paar Minuten verzögert hatte, damit der Papst seine Predigt zu Ende führen konnte. Die Worte des Patriarchen kamen als Dankeschön für diese Geste.

Die hier geschilderten Erfahrungen sind in sich keine Heldentaten. Es sind ganz normale Alltagserfahrungen in einem Land, in dem der christlich-muslimische Dialog ein Dialog des Lebens ist und nicht einer der Dogmen.

Doch vielleicht sind es gerade diese ganz normalen Erfahrungen, die zu Verständigung und Annäherung führen. Diese Erfahrungen sind nicht dazu gedacht, ein himmlisches Bild der christlich-muslimischen Beziehungen in Palästina zu malen, sondern viel mehr dazu, die positiven Ansätze anzuerkennen, die Hoffnung und Mut geben, sich weiterhin für ein Leben miteinander einzusetzen, im ganz kleinen Bereich, nämlich im eigenen Umfelds.

Abrahamitische Ökumene

„Hilft das Konzept einer abrahamitischen Ökumene im Konflikt Palästina/Israel weiter?"

„Selbstverständlich!" - so die Antwort, die wohl alle erwarten. Denn wer gegenwärtig etwas anderes behauptet, liegt nicht im Trend. Er/Sie gehört zum Randspektrum der groß gefeierten Dialog- und Friedensstifter. Als christliche Palästinenserin, die seit Jahren sowohl in der interreligiösen Arbeit als auch in der Friedensarbeit aktiv ist, erweckt mittlerweile allein die Frage bei mir bereits Unbehagen. Wieso?

Das Abraham-Konzept aus politischer Perspektive:

Der israelisch-palästinensische Konflikt ist im Kern ein politischer Konflikt um Macht. Im Zentrum des Konfliktes stehen Fragen nach Land, nach dessen Kontrolle und Besitz. Das Konzept einer „abrahamitischen Ökumene" hingegen, steht für ein theologisches bzw. religionswissenschaftliches Konzept. Zu meinen, daß ein theologisches Konzept einen weltpolitischen Konflikt lösen oder zu dessen Lösung beitragen kann, ist nicht nur eine naive, sondern vielmehr eine elegante Art und Weise, die Wurzeln des Konfliktes zu ignorieren bzw. sich der politischen Verantwortung zu entziehen.

Es ist sicherlich angenehmer, das Konzept der „abrahamitischen Ökumene" auf den Konflikt Israel/Palästina anzuwenden, als das internationale Recht oder die Menschenrechtscharta. Wendet man das Konzept der

„abrahamitischen Ökumene" auf den Konflikt an, so geht es um Angehörige verschiedener Religionen (Juden, Christen und Muslime), die über Abraham zu einer gewissen „Geschwisterlichkeit" kommen sollen. Doch die harten Tatsachen des Konflikts, die Inbesitznahme von Land, von Vertreibung, von Besatzung, wird dadurch nicht berührt.

Doch wer einmal in Hebron/al-Khalil war und das Grab Abrahams besucht hat, wird vielleicht gespürt haben, daß es sich in der dortigen Auseinandersetzung nicht so sehr um Abraham und Sara, sondern vielmehr um den Anspruch auf Heilige Stätten und Land handelt. Die täglichen Schikanen, die gegenseitige Anfeindung und die vielen Gewaltakte in und um das Grab zeigen, daß es hierbei nicht um die Figur Abrahams geht, sondern vielmehr um Macht!

Eine gutgemeinte, gegenseitige Freundlichkeit zwischen Vertretern der drei Religionen, wobei es sich im konkreten Fall hauptsächlich um zwei Religionen – Judentum und Islam – handelt, wird das eigentliche Problem nicht lösen können. Denn was vor Ort geschieht, gehört zur politischen Agenda. Abrahams Grab ist zum Mittel geworden mit dessen Hilfe sich der gewaltsame Landanspruch scheinbar rechtfertigen läßt.

Schließlich ist anzumerken, daß die Idee bzw. die Frage, ob das Konzept zur Lösung des Konflikts beitragen könnte, hauptsächlich von außen herangetragen wird. Für die beiden betroffenen Parteien, nämlich die Palästinenser und die Israelis, ist eine solche Frage kaum relevant, Ausnahmen bestätigen natürlich die Regel. Dies liegt nicht daran, daß sie diese Möglichkeit nicht sähen, sondern daß beide Parteien wissen, daß der Konflikt kein Religions-, sondern ein politischer Konflikt um Land ist.

Wenn interreligiös hochrangig besetzte Konferenzen mit Vertretern der drei monotheistischen Religionen aus Israel und Palästina zusammenkommen, sei es z.B. in Rom oder in Kairo, erhalten sie eine einmalige mediale Aufmerksamkeit. Doch Achtung: Die religiösen Führer aller drei Religionen repräsentieren nicht die politische Führung im Konflikt. Gleichwohl bieten solche Treffen ein wunderbares Balsam für viele Gewissensbisse, sowohl für die der Betroffenen als auch für die der Außenstehenden!

Denn seit Beginn der israelisch-palästinensischen Friedensverhandlungen Anfang der Neunziger Jahre hat alles, was mit „Dialog" zu tun hat, Konjunktur, vor allem wenn es um „Fundraising" geht. Das gilt insbesondere für „Abraham", wenn es um den interreligiösen Dialog im Lande Israel/Palästina geht! Dabei ignorieren die Geldgeber, daß die politische Entwicklung solche interreligiösen Aktivitäten zunehmend durch immer weitere Einschränkungen der Bewegungsfreiheit unmöglich machten. Geld geben für einen Abraham-Dialog, um nicht politisch aktiv werden zu müssen gegen fehlende Bewegungsfreiheit – das ist die Grundhaltung, die die Idee der „abrahamitischen Ökumene" hinsichtlich des Konflikts ad absurdum führt.

Wie sieht es mit der theologischen Perspektive auf eine „abrahamitische Ökumene" aus?

An erster Stelle erlaube ich mir die Bemerkung, daß das „Konzept der abrahamitischen Ökumene" keineswegs einheitlich ist; sehr bezeichnend finde ich, daß dieses Konzept hauptsächlich von Christen propagiert wird, und zwar meistens von christlicher Seite aus dem Westen! Muslime und Juden verhalten sich diesbezüglich eher zurückhaltend. In ihrer Habilitationsschrift hat Dr. Ulrike Bechmann eine sehr eindringliche Erklärung dafür geliefert:

„Die Religion, die am wenigsten durch ‚Abraham' geprägt ist, ist das Christentum (...). Die Identitätsbasis bezüglich Abraham in christlicher Theologie ist denkbar gering. Auf diesem Hintergrund berührt es seltsam, daß gerade von der christlichen Seite Abraham als interreligiöses Paradigma propagiert wird: gehört er ja gerade nicht zur christlichen Kernidentität. Dagegen führt im Judentum wie im Islam der Bezug auf Abraham in die Mitte der je eigenen Identität (...). Abraham/Ibrâhîm bilden den Grundstock für die je eigene kollektive Identität."[1]

Zwar betont Ulrike Bechmann, daß das Konzept der „abrahamitischen Ökumene" von seiner Entstehung her sehr ernst gemeint und als Hoffnungskonzept entwickelt wurde. Dennoch muß man feststellen:

„Christliche Theologie und Identität verliert nichts an zentralen Inhalten, wenn sie Abraham mit den anderen Religionen ‚teilt'. Weder ist eine zentrale Glaubenssaussage tangiert, noch eine zentrale Glaubenspraxis und schon gar nicht eine kultische Praxis."[2]

Nimmt man dieses Ergebnis ernst und betrachtet von hier aus den christlich-westlichen Vorschlag, den Israel-Palästina-Konflikt im Licht der abrahamitischen Ökumene zu lösen, wird die Problematik von fehlender politischer Perspektive und einem Ausweichen auf ein theologisches Thema doppelt schmerzlich. Und noch ein Einwurf: Wenn ich als Frau genauer hinsehe, dann erscheint es mir so, als würde das Konzept nicht nur von Christen, sondern hauptsächlich von Männern getragen. Die Idee eines alle vereinenden Patriarchen hat sicherlich ihren Reiz! Doch wie sieht es mit dem Umfeld dieses vereinenden Vaters aus?! Was bedeuten die Figuren Hagar, Sara, Ismael und Isaak für ein solches Konzept? Und wie verhalten sich die Rivalitäten der Frauen in der Geschichte um Abraham zu der in der „abrahamitischen Ökumene" gepriesenen Geschwisterlichkeit?

Doch zurück zur ursprünglichen Frage nach dem Konflikt in Israel/Palästina. In diesem wird allzu oft die Religion mißbraucht, um jeweils eine bestimmte politische Agenda durchzusetzen oder zu legitimieren. Die gut gemeinte Rückbesinnung auf Abraham fällt sicherlich nicht in diesen Bereich, kann jedoch dafür instrumentalisiert werden. Gerade der Kampf um das Land in Hebron oder jetzt der Ausschluß der Palästinenser vom Zugang zum Rahelsgrab durch die Mauer macht das symbolisch mehr als deutlich.

Daher mein Appell, Abraham und die „abrahamitische Ökumene" im Kontext des religiösen Dialogs zu belassen! Was im Konflikt in Israel/Palästina hilft, wissen wir wohl alle: ein Ende der Besatzung als erster Schritt auf dem langen Weg des Friedens. Dies ist kein Aufruf den interreligiösen Dialog zu unterlassen, wahrlich nicht, sondern vielmehr ein Denkanstoß über die Motivation und die Erwartungen hinsichtlich des Dialogs nachzudenken.

---

[1] *Viele Väter Abraham*, Verleihung des Augsburger Wissenschaftspreises für Interkulturelle Studien 2006 an Drin. Ulrike Bechmann. Berlin (AphorismA) 2006, S. 46.
[2] Ebd. S. 48.

Die Vision eines neuen Jerusalem

Jetzt wohnt Gott bei den Menschen!
Er wird bei ihnen bleiben, und sie werden seine Völker sein.
Gott selbst wird als ihr Gott bei ihnen sein.
Er wird alle ihre Tränen abwischen.
Es wird keinen Tod mehr geben und keine Traurigkeit,
keine Klage und keine Quälerei mehr.
Was einmal war, ist für immer vorbei.

Offenbarung des Johannes 21, 3-4

Wie schön sind diese Worte des Johannes. Wie tief dringen sie in unsere Seele ein. Wie viele versteckte Sehnsüchte und Hoffnungen wecken sie in uns, es sind Worte, die Hoffnung auf ein besseres Morgen versprechen, Worte, die eine hoffnungsvolle Zukunft verheißen.

Sehnsüchte sind Kernelemente unseres Daseins. Sie sind unsichtbare Flügel, die uns in schwierigen Zeiten in eine andere Welt tragen, aus der wir Kraft schöpfen können. Unsere Sehnsüchte ermöglichen uns einen anderen Blick, der uns Raum und Möglichkeiten zu neuem Handeln eröffnet. Die Welt der Sehnsucht ist eine Welt, in der das Kind in uns erwacht und uns die selbst gesetzten Grenzen überspringen läßt. Kein Wunder also, daß viele Menschen sich an den Verheißungen des Johannes erfreuen und die Zeit, von der er spricht, herbeisehnen. Wer von uns will nicht in einer Welt leben, wie sie Johannes beschreibt? Wer von uns hat keine Sehnsucht nach einer besseren Zukunft?

Die Bibel ist eine Quelle der Kraft. Welche Kraftquelle läßt sich aus der Offenbarung des Johannes für uns heute erschließen?!

Mein Kontext als christliche Palästinenserin:

Wie liest eine christliche Palästinenserin, die in Bethlehem geboren und aufgewachsen ist, diesen Text der Offenbarung? Wie ist es, wenn die Städte, von der die Texte handeln, keine fernen, unbekannten Orte der Geschichte, sondern Zentrum des täglichen Lebens sind?

Wie wirken die Beschreibungen des neuen Jerusalem auf eine an den Toren des heutigen Jerusalem lebende christliche Palästinenserin? Sich auf den Text einzulassen und ihn für sich sprechen zu lassen, ist ein erster Schritt der Auseinandersetzung. Meine Frage, die ich inhaltlich an den Text stelle, lautet: Kann die Vision des neuen Jerusalem für die meist umkämpfte Stadt im israelisch-palästinensischen Konflikt eine Quelle der Sehnsucht auf ein besseres Morgen sein?!

Der Kontext:

Der Verfasser der Offenbarung ist in der Wahrnehmung vieler Christen sehr präsent, obgleich er auch stark polarisiert. Während er für die einen ein Prophet zu sein scheint, der die Zukunft entschleiert, gilt er für die anderen als ein eher „verrückter" Typ, der nicht ganz bei Sinnen ist! Ich muß zugeben, daß die Geheime Offenbarung nicht gerade zu meiner Lieblingslektüre in der Bibel gehört. Um diesen Text zu verfassen, habe ich mich erneut dem Buch der Offenbarung gewidmet. Am Beginn stand für mich die Frage nach dem Kontext, in dem das Buch geschrieben wurde und der für das Verständnis des Textes unerläßlich ist.

Der Verfasser des Textes wird uns schon am Anfang des Buches als Johannes vorgestellt, der wegen seines christlichen Zeugnisses „um des Wortes Gottes und des Zeugnisses Jesu willen" (1,9) nach Patmos verbannt wird und von dort aus seine Briefe an die Gemeinden in Kleinasien (Ephesus, Smyrna, Pergamon, Thyatira, Sardes, Philadelphia und Laodicea) schreibt. Johannes war sich der Probleme der Gemeinden bewußt, auf die er in seinen Briefen auch eingeht und zu denen auch die Verfolgung der Christen gehört, die er ebenso thematisiert. So schrieb er an die Gemeinde von Smyrna:

„Habt keine Angst wegen der Dinge, die ihr noch erleiden müßt. Der Teufel wird einige von euch ins Gefängnis werfen, um euch auf die Probe zu stellen. Zehn Tage lang werden sie euch verfolgen." (2,10)

In seinem Brief bleibt Johannes nicht bei den Problemen stehen. Vielmehr eröffnet er Handlungsperspektiven und Visionen, die eine bessere Zukunft verheißen.

Das neue Jerusalem:

Die Vision des neuen Jerusalem finden wir am Schluß des Neuen Testaments. „Jetzt mache ich alles neu", heißt es zu Beginn der Erzählung vom neuen Jerusalem. Worte, die uns direkt zum Anfang der Bibel führen, zum Alten Testament, zur Genesis und der Schöpfungsgeschichte. In beiden Geschichten geht es um die Schöpfung und dabei ist in beiden Fällen Gott allein der Handelnde. Während die Genesis von der ersten Schöpfung redet, spricht die Offenbarung des Johannes von der Erneuerung der Schöpfung. Am Anfang schuf Gott die Welt und verheißt, „es war gut". In der Offenbarung des Johannes geschieht die Erneuerung der Schöpfung erst nach dem Verschwinden der alten Welt:

„Die Erde und der Himmel flüchteten bei seinem Anblick und verschwanden für immer." (20,11)
„Dann sah ich einen neuen Himmel und eine neue Erde. Der erste Himmel und die erste Erde waren verschwunden, und das Meer war nicht mehr da." (21,1)

Mit diesen Worten beginnt die Vision des neuen Jerusalem. Eine Passage, die uns an die Verheißung Jesajas erinnert:

„Alles mache ich jetzt neu: Einen neuen Himmel schaffe ich und eine neue Erde. Dann sehnt sich niemand nach dem zurück, was früher einmal gewesen ist; kein Mensch wird mehr daran denken." (Jes 65,17)

Beide Texte verbinden die Verheißung der neuen Erde mit einem neuen Jerusalem. Dabei scheinen mir folgende Punkte sehr bestimmend für das Verständnis dieser Vision zu sein. An dieser Stelle, wie an vielen anderen Stellen der Offenbarung, wird deutlich, daß der Verfasser des Buches jüdische Wurzeln hat und in der jüdischen Tradition sowie der Schrift bewandert war. In seiner Beschreibung des neuen Jerusalem geht Johannes zuerst auf die Beschreibung der Gott-Mensch- bzw. der Mensch-Mensch Beziehung ein.

„Jetzt wohnt Gott bei den Menschen! Er wird bei ihnen bleiben, und sie werden seine Völker sein. Gott selbst wird als ihr Gott bei ihnen sein. Er wird alle ihre Tränen abwischen. Es wird keinen Tod mehr geben und keine Traurigkeit, keine Klage und keine Quälerei mehr. Was einmal war, ist für immer vorbei." Off (21, 3-4)

Wieder hören wir die Verheißung des Jesaja klar und deutlich:

„Ich mache Jerusalem zur Stadt der Freude,
und seine Bewohner erfülle ich mit Glück.
Ich selbst will an Jerusalem wieder Freude haben
und über mein Volk glücklich sein.
Niemand wird mehr weinen und klagen." (Jes 65, 18f)

Das neue Jerusalem ist eine Stadt, in der Gott nicht mehr fern von den Menschen ist, sondern vielmehr mitten unter ihnen. Eine Stadt, an der sich nicht nur die Menschen erfreuen, sondern ebenso Gott. Das neue Jerusalem ist eine Stadt der neuen Gemeinschaft des neuen Lebens. Eine Stadt, in der die Gewalterfahrungen der früheren Welt überwunden sein werden, in der keine Tränen, kein Tod, keine Traurigkeit, keine Klage und keine Quälerei sind. Eine Vision, bzw. eine Sehnsucht, die den Erfahrungen des Johannes sowie der Gemeinden, an die er schreibt, widersprechen!

Das gleiche gilt für seine weitere Beschreibung, die uns in Form einer Reise begegnet und in der er eher das äußere Bild Jerusalems beschreibt.

„Die Mauer bestand aus Jaspis.
Die Stadt selbst war aus reinem Gold erbaut, das so durchsichtig war wie Glas.
Die Fundamente der Stadtmauer waren mit allen Arten von kostbaren Steinen geschmückt." (21, 18-19)

Die Art und Weise, in der Johannes Jerusalem beschreibt, läßt erkennen, daß er die Stadt gut kennt. Das neue Jerusalem ist eine prächtige Stadt, die aus Edelsteinen und Perlen erbaut ist. Eine Vision, die kaum mit dem historischen Kontext in Bezug steht, denn die zeitgeschichtliche Einordnung datiert den Text ca. 20 bis 30 Jahre nach die Zerstörung Jerusalems durch das römische Militär. Für die Gemeinden, an die Johannes schreibt und die zum Teil auch aus Judenchristen bestanden, ist das Schicksal Jerusalems im Bewußtsein und in der Erinnerung noch wach. Aufgrund der aussichtslosen Perspektive bezüglich der Zukunft Jerusalems ertönen die Worte des Johannes sehr fern und unrealistisch, fast wie eine „Spinnerei". Aber gerade darin liegt eine Verheißung für Morgen, eine Sehnsucht des Inneren.

Der Text im Kontext unserer realen Welt:

Liest man die Vision des Johannes vom neuen Jerusalem im Spannungsfeld des realpolitischen Kontextes unserer Welt, so erscheint sie als Vision, die lebensfremd und irrelevant ist. Man könnte sogar soweit gehen zu sagen, seine Worte seien eher eine Art „Träumerei" oder „Betäubung", die das menschliche Leid und somit den Menschen an sich nicht ernst nehmen.

Doch gleichzeitig drücken seine Worte auch eine tief verwurzelte Sehnsucht nach einer neuen Welt aus, die viele von uns in sich tragen. Eine Ambivalenz, die nur schwer zu durchbrechen ist! Wozu also diese Texte heute noch lesen?

Unsere Welt ist von Gewalt und Schrecken gekennzeichnet, was in der Medienberichterstattung deutlich wird. Tränen, Tod, Traurigkeit und Quälerei sind zu zentralen Erfahrungen des täglichen Lebens geworden. Ein Ende des Schreckens ist nicht abzusehen, eher eine Intensivierung! Den Menschen ein Ende dieser Erfahrung im kommenden Leben zu verheißen ist eine „billige" Verheißung, die den Kern unseres Glaubens aus dem Auge verliert. Gleichzeitig ist eine Verheißung des Endes dieses Schreckens bereits in diesem Leben eine genauso „billige" Verheißung, die den real politischen Kontext nicht wahrnimmt. Welche Alternativen bleiben noch offen für Interpretationen?! Oder sollen wir uns einfach der Welt entziehen, bzw. uns dazu nicht mehr äußern, uns als Wanderer in dieser Welt verstehen?!

Unser Auftrag im Hier und Jetzt:

Die Welt, von der Johannes spricht, ist noch nicht angebrochen. Vielmehr ist die Welt, in der wir leben, der des Johannes ähnlich. Zerstörung, Gewalt und Unterdrückung sind Bestandteile unserer Erfahrungen. Also was tun?

Wir können uns zurücklehnen und einfach auf das aus dem Himmel herabkommende Jerusalem warten. Eine Alternative, die unser Leben zwar nicht verändert, aber vereinfacht, denn dabei brauchen wir nicht viel mehr tun als zu jammern und zu klagen. Eine Haltung, die für viele biblisch begründbar ist.

Letztendlich ist allein Gott der Schöpfer und Erlöser dieser Welt. Den Tod zu überwinden, ist Gottes Sache! Eine Aussage, die als Glaubensaussage eine enorme Kraft hat, doch als Inhalt eines politischen Programms fatal ist, denn damit entziehen wir uns als Menschen der Verantwortung für die Schöpfung und für das Leben.

Ja, es ist wahr: Wir können die Welt weder erneuern noch neu schöpfen. Aber wir können das Antlitz der Erde verändern, und zwar entweder zum Positiven oder zum Negativen, hier und jetzt, wo der Tod unter uns weilt! Es ist gewiß nicht unsere Aufgabe, das neue Jerusalem zu erfinden. Doch die Frage ist vielmehr: Können wir das heutige Jerusalem und damit einen Teil der Welt menschenfreundlicher machen?

Trauen wir es uns zu, einen praktischen Beitrag zur Erfüllung unserer Sehnsüchte zu leisten? Unsere Sehnsüchte sind da, um gelebt zu werden und nicht, um eine Fiktion zu sein, denn Fiktionen haben wir genug in unserem Leben.

Der griechisch-orthodoxe Theologe Dr. Alexandros Papaderos schrieb einmal einen Text mit dem sehr umstrittenen Titel: „Die Kirche gehört zur Hölle." Dabei war es nicht sein Anliegen, die Kirche zu verdammen, sondern vielmehr ihr einen neuen Auftrag zu geben. Der Platz der Kirche ist, so Papaderos, nicht im Himmel, wo es gut ist, sondern dort, wo die Menschen leiden, also in der Hölle, um aus ihr ein Stück Himmel zu machen. In diesem Sinne ist unser Auftrag gewiß nicht, auf die ersehnte neue Welt zu warten, sondern vielmehr die Welt unseren Sehnsüchten ein Stück näher zu bringen.

Wir können uns eine Aufgabe stellen, die unseren Möglichkeiten entspricht. Wie wäre es also z.B., wenn wir damit beginnen würden, unseren Schwestern und Brüdern, vielleicht sogar unseren Feinden, die Tränen abzuwischen?!

Inhaltsverzeichnis

Vorwort von Rafiq Khoury ... 5
Einleitung ... 9

Reisen zwischen den Welten
Identität im Wandel ... 13
Schwäche ... 20
Staatsbürgerschaft unbekannt ... 22
Theater des Absurden II ... 24
Für immer ... 29
Willkür ... 32
Politische Aussichten ... 36

Eine Außensicht von Innen - Texte zur Situation in Palästina
Fraueneinsatz ... 39
Palästina und dennoch blüht das Leben ... 43
Erwachen ... 47
Veränderung ... 51
Geräusche ... 53
Feuerwehr ... 55
Anapolis ... 57
Flüchtlinge - ein Perspektivenwechsel ... 59
Abschied ... 61
Die Flucht nach vorne ... 64
Auf der Suche 66
40 Jahre Besatzung ... 69
Hommage an Arafat ... 72

Eine Innensicht von außen - Geschichten
Medizinische Diagnose ... 75
Titelei ... 77
Gespräche ... 79
Auftrag: Mission ... 81
Integration ... 83
Wohlbefinden ... 84
Psychologische Beurteilung ... 86
Verwirrung ... 88
Sprachverwirrung ... 90

Theologische Reflektionen
Dialog des Lebens ... 93
Abrahamitische Ökumene ... 100
Vision eines neuen Jerusalem ... 105

Aus dem AphorismA Verlagsprogramm

Anette Klasing
Laßt uns nach Bethlehem gehen und schau'n.....
Erfahrungen und Geschichten aus zweieinhalb Jahren
Ziviler Friedensdienst in Bethlehem und Jerusalem
Kleine Texte 20
AphorismA Verlag – 2007 – € 7,50
59 S. – 978-3-86575-520-9

Björn Hinrichs
Reformdebatten in der arabischen Welt
Kleine Texte 11
AphorismA Verlag – 2007 – € 7,50
82 S. – 978-3-86575-511-7

Mitri Raheb
Christ und Palästinenser
Vorwort von Bischof Hans-Jürgen Abromeit
AphorismA Verlag – 2004 – € 9,00
146 S. – 978-3-86575-150-8

---

info@aphorisma-verlag.de – www.aphorisma.de
Telephon: ++49 (0)30 6805 3299 – Telefax: ++49 (0)30 6880 9237

Aus dem AphorismA Verlagsprogramm

Simone Britz
Der Dichter Izzaddin al-Manasira
Kulturelle Selbstbehauptung in der zeitgenössischen palästinensischen Poesie

Monographien zu Geschichte und Gegenwart des Nahen und Mittleren Ostens
AphorismA Verlag – 2008 – € 10,00
90 S. – 978-3-86575-010-5

Nassar Ibrahim und Majed Nassar
Kleine Träume
14 Kurzgeschichten aus Palästina

AphorismA Verlag – 2005 – € 9,00
115 S. – 978-3-86575-154-6

Ansgar Koschel und Annette Mehlhorn (Hgg)
Vergegenwärtigung
Martin Buber als Lehrer und Übersetzer

AphorismA Verlag – 2006 – € 12,50
204 S. – 978-3-86575-001-3

info@aphorisma-verlag.de – www.aphorisma.de
Telephon: ++49 (0)30 6805 3299 – Telefax: ++49 (0)30 6880 9237

Aus dem AphorismA Verlagsprogramm

Viola Raheb

Geboren zu Bethlehem

Notizen aus einer belagerten Stadt
Mit einem Vorwort von Manfred Erdenberger

AphorismA Verlag – 3. erw. Aufl. 2004 – € 9,00
154 S. – 978-3-86575-152-2

Johannes Zang

Unter der Oberfläche

Erlebtes aus Israel und Palästina

AphorismA Verlag – 2. Aufl. 2007 – € 15,00
196 S. – 978-3-86575-006-8

Ulrike Bechmann

Viele Väter Abraham	Gestörte Grabesruhe
Augsburger Wissenschaftspreis für Interkulturelle Studien 2006	Idealität und Realität des interreligiösen Dialogs am Beispiel von Hebron/al-Khalil
Kleine Texte 12	*Kleine Texte 24*
AphorismA Verlag 2006	AphorismA Verlag 2007
€ 7,50	€ 5,00
978-3-86575-512-4	978-3-86575-524-7

---

info@aphorisma-verlag.de – www.aphorisma.de
Telephon: ++49 (0)30 6805 3299 – Telefax: ++49 (0)30 6880 9237